Julius Friedlaender

Ein Verzeichnis von griechischen falschen Münzen welche aus Stempeln geprägt sind

EHV
HISTORY

Julius Friedlaender

Ein Verzeichnis von griechischen falschen Münzen welche aus Stempeln geprägt sind

ISBN/EAN: 9783955641078

Auflage: 1

Erscheinungsjahr: 2013

Erscheinungsort: Bremen, Deutschland

EHV
HISTORY

Ein Verzeichniss

von

Griechischen falschen Münzen

welche aus modernen Stempeln geprägt sind.

Zur Warnung zusammengestellt

von

Dr. Julius Friedlaender

Director des Königlichen Münzkabinets.

Berlin 1883.

Verlag von W. Weber.

Im folgenden Verzeichniss sind nur die mit modernen Stempeln geprägten Falschmünzen beschrieben, mit Ausnahme der Beckerschen, welche bereits genügend verzeichnet sind, und mit Ausnahme derjenigen, deren Typen so gänzlich erfunden und von den echten abweichend sind, dass sie Niemand täuschen können, z. B. die Münzen der Artemisia und der Dido, obwohl der im Anhang von römischen Münzen angeführte Denar eines Marius beweist, wie sorglos man noch in unserer Zeit verfährt. Sind dagegen Münzen im Stil der echten erfunden — z. B. die von Neandria — so habe ich sie aufgenommen.

Gegossene Münzen lassen sich nicht verzeichnen, weil man jede echte abgiessen kann.

Münzen welche mit dem Grabstichel verfälscht sind, zu beschreiben, kann auch nichts nützen, da jede ein Unicum ist.

Es versteht sich, dass falsche Stempel beliebig in Gold, Silber und Kupfer abgeprägt werden konnten, aber im allgemeinen haben die Fälscher in richtiger Berechnung das zu den Typen passende Metall gewählt. Doch sagt Sestini in seiner Schrift über die Falsificatori, die Fälscher auf Syra hätten dieselben Stempel in Gold und Silber abgeprägt. Im allgemeinen wird hier das richtige zu den Typen gehörige Metall angegeben.

Die Grösse kann nicht entscheiden, ob eine Münze mit der hier beschriebenen falschen aus denselben Stempeln geprägt ist, denn die Fälscher nehmen bald grössere, bald kleinere Schrötlinge. So kann auch irgend ein Theil des hier beschriebenen Typus, besonders ein dem Rande naher Theil, zufällig auf einem Exemplare fehlen, wenn der Schrötling etwa nicht den ganzen Umfang des Stempels aufnahm.

Der Farbe nach ist das Gold der Falschmünzen am schwersten von dem der antiken zu unterscheiden, das der Falschmünzen

1

ist oft weniger rein, weniger gelb; das Silber pflegt oft zu weiss-
lich zu sein, das Kupfer zu rein und daher zu röthlich, während
das antike Kupfer meist stark versetzt, sehr oft gelblich oder
bräunlich ist. Doch lassen sich darüber wohl keine Regeln
aufstellen. Sestini sagt (S. 25 bei der Münze von Dia), die
Fälscher von Smyrna hätten sich des türkischen Kupfers bedient,
„welches eine röthliche und einigermassen schwärzliche Farbe hat.“
Eine dunkle Erklärung.

Das Gewicht der vorliegenden Falschmünzen und seine Ab-
weichung vom Vollgewicht anzugeben, wäre unnütz, da bei falschen
Münzen das Gewicht des einen Exemplars für andere nicht mass-
gebend ist. Uebrigens ist bei Gold- und Silbermünzen das Ver-
gleichen des Gewichts eines zweifelhaften Stücks mit dem Vollgewicht echter ein gutes Kennzeichen, insofern wenigstens, als
auffallender Unterschied die Falschheit beweist. Freilich muss
man in Rechnung bringen, wieviel etwa die Abnutzung beträgt.
Allein bei Silbermünzen ist das Gewicht niemals entscheidend. Zwei
echte und sogar aus den nämlichen Stempeln geprägte, also gewiss gleichzeitige Silbermünzen von Velia liegen mir vor, beide
gut erhalten, eine von 7,19, die andere von 7,5 Gramm. Von
zwei gleichen kleinen Silbermünzen von Leontini ist sogar die
eine wohl erhaltene leichter als die abgenützte. Man darf also
nicht, wie es gerade jetzt häufig geschieht, auf das Gewicht ein-
zelner Exemplare Werth legen.

Ueber die Geschichte der Falschmünzen hat Sestini in den
Falsificatori gehandelt, eine Uebersetzung findet sich in den
Hannoverschen Blättern für Münzkunde II S. 51. Ein Aufsatz im
Cabinet de l'amateur et de l'antiquaire I S. 385 (und ein Auszug
daraus im Numismatic Chronicle VI S. 53) ist ebenfalls auf Se-
stini's Nachrichten gegründet. Es wird dort von Dervieux in
Florenz, welcher sehr grosse und dicke Bronzemedaillons der
ersten Kaiser gemacht hat, von Carteron in Holland, Cogornier in
Lyon, Laroche in Grenoble, Caprara in Smyrna und Syra ge-
sprochen.

Hier noch einige Notizen, welche Sestini unbekannt geblieben
sind. Vasari erzählt im Leben des Valerio Belli (Vicentino), dass
auch dieser berühmte Edelsteinschneider Münzen der zwölf ersten
Kaiser und eine grosse Zahl griechischer Münzen verfertigt habe.
Vielleicht sind dies die zum Theil sehr schönen Medaillen auf
Dido, Artemisia, Alexander den Grossen und ähnliche; gewiss

sind diese nicht mit der Absicht zu täuschen gemacht worden. Ebenso die nach Molinet von dem berühmten Gambello (Camelius) in Venedig und von den Borzagna's in Parma geschnittenen Münzen. Von den Paduanern wird dasselbe behauptet, allein das steht fest, diese falschen Münzen haben oft getäuscht und täuschen auch noch heut. Eine nicht vollständige Liste der Paduaner ist in Claude du Molinet, Verzeichniss der Sammlungen der Abtei St. Geneviève in Paris, ein anderes in den Jahresberichten des historischen Vereins für Schwaben und Neuburg VII S. 31.

Rom hat eine Anzahl geschickter Falschmünzer aufzuweisen. Luca Corsi wird als ein grosser Virtuos in dieser Kunst von Ott. Liguoro in seinem Ristretto delle medaglie (Roma 1733) S. 15 genannt. Galli prägte Quinare der späten Kaiser in Gold und in Silber, von ihm soll der unten beschriebene des Flavius Severus sein. Eine eigenthümliche Kunst übte Scotti, der etwa um 1830 oder 1840 verstorbene Verfasser eines unbedeutenden in Italien viel verbreiteten numismatischen Handbuchs. Nach des verstorbenen römischen Münzhändlers Capranesi mündlicher Erzählung veränderte Scotti äusserst geschickt mit dem Grabstichel die Kaiserköpfe und die Aufschriften von Bronzemünzen, und versteckte diese Fälschungen durch gut angebrachte kleine unregelmässige Löcher, welche er mit Salpetersäure erzeugte; diese Löcher haben völlig das Ansehen der durch Oxyd entstandenen. So ist mancher Otho und Gordianus Africanus erzeugt worden. Diesem Scotti oder seinesgleichen wird auch die selten vorkommende Fälschung zugeschrieben werden müssen, von welcher mir ein Beispiel in einem mit der Sammlung des Dichters Novalis (von Hardenberg) in die K. Sammlung gelangten Münze vorliegt. In die Kehrseite einer echten grossen römischen Bronzemünze Traian's ist eine grosse fast bis an den Rand reichende Vertiefung eingedreht, und in diese Vertiefung ein genau passendes Stück einer ebenfalls echten Münze Hadrian's, mit dem Kopfe dieses Kaisers eingesetzt, die Umschrift ist, wo sie in den stehen gebliebenen Rand der Traiansmünze hineinreicht, mit dem Grabstichel gemacht — so, dass der untere Theil jedes Buchstaben der echte alte ist, die Spitze aber gravirt. Das Ganze war mit einem leichten Ueberzug bekleidet, und im höchsten Grade täuschend, da eben beide Köpfe antik sind.

Sestini sagt: in Stuttgart sei eine Fabrik von Falschmünzen

gewesen und dies ist öfter wiederholt worden, allein es ist wohl eine falsche Nachricht; Erkundigungen dort haben sie durchaus nicht bestätigt. Zum Beweise führt Sestini eine kleine Münze von Mytilene, (besser Eresus) an, welche mit der Pfau'schen Sammlung aus Stuttgart im Jahre 1740 in unsere Königliche gelangt ist, allein dies Stück ist unzweifelhaft echt, und Sestini selbst hat es (Lett. VIII, 71) als echt publicirt! Seine Verdächtigung der Münze beruht also auf einem Irrthum.

In sieben sicilischen Städten: Palermo, Messina, Syracus, Catania, Taormina, Caltanisetta und Marsala, seien Fabriken falscher Münzen, versicherte mich 1846 der Professor Ferrara in Catania, ein numismatischer Schriftsteller und Sammler. Allerdings sieht man überall in Sicilien viele, aber meist plumpe Nachbildungen sicilischer antiker Münzen. In Palermo beschäftigten sich damals die Brüder Costanza, einst Stempelschneider der dortigen Münze, mit diesem Kunstzweig. Auch dies sagte mir Herr Ferrara.

Sestini spricht in den Lettere di continuazione V, S. 2 im Artikel Locri von den sicilischen Falschmünzern.

Folgende Bücher sind hier benutzt: Sestini, i Falsificatori moderni, Firenze, 1826, mit 4 Tafeln, 4º.

Ich citire es nur „Sestini" ohne Seiten- und Tafel-Zahlen anzugeben, da die wenigen Blätter so übersichtlich geordnet sind, dass jeder darin das Gesuchte findet.

Sestini giebt die Grösse, der Münzen nach alter Art an: MM (maximi moduli), 1, 2, 3. Seine Grösse 1 entspricht etwa der Mionnet'schen 6, seine 2 der Mionnet'schen 4, seine 3 der 3 oder 2.

Manche Münzen, welche er etwas abweichend von den Beckerschen Falschmünzen beschreibt, mögen doch wohl Becker'sche sein, seine Angaben sind selten ganz genau. Dass ich keine Gewähr für sie übernehme, versteht sich.

Schon vor dem Erscheinen der Falsificatori hatte Sestini in einem Blatte, welches „dalla Pannonia 25. Agosto 1825" bezeichnet ist (er war damals in Hedervar) eine Anzahl falscher Münzen kurz angegeben; einige davon hat er in seine spätere Schrift nicht aufgenommen, wahrscheinlich aus guten Gründen; vielleicht waren es keine falschen Stempel, sondern Güsse oder Grabstichelfälschungen.

In der Beschreibung der Allier'schen Sammlung (Paris 1829,

4⁰) Seite VII wird eine Reihe falscher Münzen aufgeführt, von welchen einige gewiss Becker'sche sind, andere Abgüsse zu sein scheinen, aber die übrigen habe ich aufgenommen. Doch gebe ich auch mehrere davon nach besseren Beschreibungen oder gar aus eigener Anschauung anderer Exemplare.

Die in Mionnet's Werke als falsch bezeichneten sind bei weitem nicht alle hier aufgenommen, nur was mir zufällig in die Augen gefallen ist.

Was ich selber gesehen, ist bezeichnet. Nur bei diesen Stücken kann ich für Genauigkeit der Beschreibung einstehen.

Im Numismatic Chronicle II, 256 findet sich eine Liste falscher Münzen, allein sie giebt nichts als Städte- und Königsnamen, also lässt sich keine Münze danach erkennen. Einige der angeführten könnten Becker'sche sein, andere derselben hat Becker, soviel mir bekannt, nicht gemacht, sie sind also Werke anderer Fälscher; z. B. Cunobelinus, Boadicea, Perinthus u. s. f. Die Liste hier einzutragen würde nichts nützen.

Die Lettre à Mr. Raynouard sur diverses rectifications et sur quelques médailles fausses par Dumersan, ist mir nicht zu Gesicht gekommen, der Inhalt soll ohne Werth sein, wie man mir in. Paris mitgetheilt hat.

Schimko Beiträge zur Numismatik, besonders zur Erkenntniss der Echtheit der alten Münzen, Olmütz 1841.

Krosch Kennzeichen falscher Münzen, Köln 1838, aus den Rheinischen Provinzialblättern 1838, IV, S. 29, 41, 53, 65.

Montigny, les faussaires, im Cabinet de l'amateur et de l'antiquaire par Piot et Villot I, S. 385. Darüber berichtet das Numismatic Chronicle VI, 53. Ebenda S. 54 wird gesagt, dass Herr Clouet in Verdun über die Beckerschen Falschmünzen geschrieben hat, und Böttiger erwähnt in „Archäologie und Kunst (Breslau 1828)" einen Aufsatz von Cattaneo in Mailand über denselben Gegenstand.

Ueber die Paduaner: Molinet Cabinet de la bibliothèque de St. Geneviève, Paris 1692, S. 92. Ferner: Jahresberichte des historischen Vereins für Schwaben VII 31.

Revue numismatique Belge I S. 411 über falsche, auch galvanoplastische in Paris gemachte Münzen.

Auch die beste Beschreibung eines falschen Stempels kann nicht immer über Echtheit oder Unechtheit eines entsprechenden Exemplars entscheiden. Denn die Fälscher haben oft an ihren

Stempeln Veränderungen angebracht, so dass nun zwei aus denselben Stempeln geprägte Münzen nicht mehr übereinstimmen. Das hat z. B. Becker bei dem folgenden Denar gethan.

ÆR. DRVSVS CAESAR . TI AVG F. COS TR P Kopf des Drusus rechtshin.

Rƒ. TI CAESAR AVG P M TR P XXV Lorbeerbekränzter Kopf des Tiberius rechtshin.

Ein solches Exemplar befand sich 1857 bei einem hiesigen Münzhändler; es ist auf eine echte römische Münze geprägt, von deren Gepräge einige geringe Spuren sichtbar sind. Becker hat oft seine falschen Stempel auf werthlose antike Münzen geprägt und seinen Fälschungen dadurch das rechte Gewicht, die echte Farbe, den antiken Rand erhalten!

Von der oben gegebenen Beschreibung weichen nun die gewöhnlichen Exemplare dieser Becker'schen Münze, welche unfraglich mit denselben Stempeln geprägt sind, darin ab, dass die Umschrift um den Kopf des Tiber nicht TR P XXV, sondern TR P XXXV endet. Becker hatte also die Münze zuerst mit XXV geschnitten und ausgeprägt, dann hat er aus Eckhel's Doctrina VI 203 oder aus einer daraus abgeleiteten Quelle erfahren, diese Münze sei mit der Zahl XXV nicht vorhanden, sondern mit XXXV; darauf hat er seine XXV in XXXV verändert, indem er aus der V eine X machte, und die V, weil kein anderer Raum für sie war, unter den Hals des Tiber setzte. Die echte Münze hat dagegen die XXXV ungetrennt.

Erster Abschlag von Becker.   Zweiter   die echte Münze

Eine andere Spielart Becker'scher Fälschungen sei hier auch noch zur Warnung erwähnt. Man sagt mit vollem Recht, silberne Münzen mit kupfernem Kern, sogenannte subärati, müssen echt sein, denn diese Technik — wesentlich verschieden von den jetzigen galvanoplastisch-versilberten Kupfermünzen — ist verloren gegangen. Nun besitzt die Königl. Sammlung einen subäratus des Nigrinian, man würde also glauben: eine echte antike Münze, allein es giebt keine Silbermünzen aus der Zeit dieses Kaisers, also muss die Münze unecht sein. Das Räthsel löst sich so: es ist eine echte Subärat-Münze eines anderen Kaisers, auf welche Becker seine falschen Stempel des Nigrinian geprägt hat. Unter dem Kopf des Nigrinian zeigen sich noch schwache Spuren des früheren Gepräges.

Als Nachtrag zu den Beschreibungen der Beckerschen Falschmünzen ist zu bemerken, dass seine Medaille auf den Fürsten von Ysenburg zuweilen mit einer Kehrseite vorkommt, auf welcher ein weiblicher Kopf in antikem Stil, rechtshin gewendet, erscheint, unter dem Halse ist ein Schild mit zwei Lanzen, und vor dem Kopf steht ΙΣΠΑΝΙΑ[1]). Dieser Fürst Ysenburg hatte in französischem Dienst in Spanien gekämpft. Wahrscheinlich hatte Becker diesen Stempel, welcher die Grösse eines römischen Denars hat, auch zu anderen Zusammenstellungen benutzt.

Der Vertrieb der Beckerschen Münzen hat keineswegs aufgehört, dies zeigen nicht allein manche der glänzenden Läden der Antikenkrämer auf der Frankfurter Zeil. Im August 1859 trat hier ein stattlicher Herr auf, welcher sich Klösser aus Darmstadt nannte und eine Grosshandlung in Wien zu besitzen erzählte. Sein Schwiegervater, früher Hessen-Darmstädtischer Geschäftsträger in Paris, habe dort eine Münzsammlung angelegt, welche jetzt verkauft werden solle, er frage an, ob die Kgl. Sammlung sie vielleicht kaufen werde. Er hatte ein Verzeichniss bei sich, welches lauter höchst seltene Stücke — Tetradrachmen von Mende, Delphi, Magnesia, Lebedus, Syros, des Euthydemus u. s. f., enthielt, also Jedem, der die Beckerschen Münzen kennt, höchst verdächtig erscheinen musste; er zog 12 Münzen aus der Tasche, davon waren zwei echte, schlecht erhaltene syrakusische und zehn schöne Beckersche Fälschungen. Er wollte in drei oder vier Monaten wiederkehren, die ganze Sammlung zu zeigen, allein er ist nicht gekommen.

Eine unserer Zeit angehörige Art von Fälschung ist die galvanoplastische.

Vor etwa 20 Jahren befand sich ein Polnischer Münzsammler aus Paris hier, welcher angeblich bei einem hiesigen Münzhändler

1) Dies ist eine freie Nachahmung der Kehrseite einer römischen Münze des Galba.

nach „gutgemachten falschen Münzen" fragte, mit der Bemerkung, es gebe immer noch Sammler, welche sie kauften!

Ueber den berühmten Münzfälscher Goltz enthält Serrure Notice sur le cabinet monétaire du Prince de Ligne, Gent 1847, interessante Nachrichten. Die Zahl der Münzsammlungen, welche damals in Deutschland, Belgien und Italien vorhanden waren und von Goltz auf seinen Reisen benutzt wurden, ist überraschend gross und beschämt unsere Zeiten [1]).

Bekanntlich hat Goltz nicht Münzen, sondern Abbildungen und Beschreibungen verfälscht. Allein manche von ihm gegebene Münzen sind, nachdem sie lange als Erfindungen gegolten, ganz ebenso wie er sie abgebildet hat, nachher wirklich und echt ans Licht getreten. So das von ihm in der Antwerpener Ausgabe von 1644 Theil III, Tafel XXII, Nr. 8 abgebildete Tetradrachmon der Macedonia prima, welches Millingen in der Sylloge S. 49 (vgl. die additional observations) publicirt hat und von dem sich in mehreren Sammlungen, auch der Königlichen, echte Exemplare befinden. Zwiefach hatte Goltz der Wissenschaft geschadet: man hat nicht allein seine falschen Münzen lange Zeit für echte, sondern auch nachher seine echten Münzen für falsche gehalten.

Ein anderes Beispiel ist die bei Goltz Theil III, Tafel V, Nr. IX abgebildete Münze von Ambracia mit dem Seekrebs. Nicht allein hat Sestini Mus. Hedervar. Th. IV, 2, S. 23, Nr. 27 eine ähnliche (mit anderem Kopf) publicirt, sondern die Münze befindet sich genau wie Goltz sie dargestellt, unzweifelhaft echt in der Königl. Sammlung.

Noch ein Beispiel giebt eine Münze von Apollonia Illyrici im Bullettino 1838, 87, Nr. 2.

Gewiss lassen sich diese Beispiele noch vermehren.

Auf irgend eine Vollständigkeit kann ein Verzeichniss wie das vorliegende keine Ansprüche machen; wenn aber jeder Numismatiker falsche Münzen, welche er sicher als falsche erkannt hat, beschriebe, so könnte doch allmählig eine annähernde Vollständigkeit erzielt werden.

---

1) Fernere Nachrichten über Goltz finden sich in den Nouvelles Annales de l'institut de correspondance archéol., Theil II, 85; in der Revue num. 1844, 330; und unbedeutende im Bulletino dell' Instituto 1837, 95.

Grössenangabe nach Mionnet.

1 2 3 4 5 6 7 8 910111213   14

Gallien.

Lugdunum, Tiberius.

Æ 10. TI CAESAR·AVGVSTI·F. IMPERATOR V. Kopf des
Tiberius mit schwachem Barte, linkshin[1]).

Rf. Altar, auf dessen beiden Ecken kranztragende Victorien
stehen, darunter ROME·T·AVG·

Die entstellte Aufschrift (die echten Münzen haben ROM ET
AVG) dient als Kennzeichen dieses sehr gut gearbeiteten „Pa-
duaners."

Folgende 3 Münzen sind in der Revue numismatique 1858,
S. 435 beschrieben. Das Silber ist kupferhaltig, die Grössen-
angaben fehlen.

Æ. ATIELA Ein Kopf, dem der Roma auf römischen Qui-
naren nachgeahmt, linkshin.

Rf. ΚΑΛΕΤ ΕΔΟΥ Ross.

Æ. VECA Kopf rechtshin.

Rf. Fassade eines Tempels oder eher „einer gothischen
Kirche".

Æ. Janusartiger Doppelkopf.

Rf. Tempel oder „gothische Kirche" in der Mitte VTA.

---

1) Es versteht sich, dass ich jeden Kopf, dessen linkes Auge man sieht,
linkshin nenne.

Italien.

Calabrien.

Tarent.

Æ 6. Taras auf dem Delphin rechtshin, die Linke vorstreckend, die Rechte auf den Delphin legend, hinter
ihm TARAƧ (rückläufig und so dass das T dicht
am Schwanze des Delphins, das Ƨ an der Schulter des
Taras steht). Unter dem Delphin eine Kammuschel.
Umher ein Rand wie ∫·∫·∫·∫·

Rf. Taras vertieft in derselben Stellung linkshin, keine
Aufschrift, dieselbe Kammuschel, vertieft. Umher ein
Rand von vertieften geraden Strichen. Gesehen.

Eine äusserst geschickte Kopie, von dem berüchtigten Fälscher
Coco in Neapel gemacht. Das Original ist von der grössten
Seltenheit.

Æ 4½. Pallaskopf linkshin, der Helm ist mit einem der Scylla
ähnlichen Seeungeheuer geziert, überall mit einzelnen
spitzigen Punkten bedeckt, der Helmbusch oben sehr
niedrig. Um den Hals trägt sie eine Perlenschnur.

Rf. Eule mit ausgebreiteten Flügeln auf einem Blitz, von
vorn, etwas linkshin; rechts im Felde YNVANIΩ,
links ΣΩ. Gesehen.

Die Buchstaben sind dünn und schlecht geformt. Die Rf.
ist mit der Vf. der folgenden Münze abgebildet: Eckhel N. veteres anecdoti Tafel III 9.

Æ 5. Kopf des bärtigen Dionysos rechtshin, das breite Diadem (welches keine hinten herabhängende Bänder hat)
ist mit einer Epheuranke verziert.

Rf. Eule mit ausgebreiteten Flügeln auf einem Blitz stehend,
von vorn, etwas linkshin, links im Felde A. Gesehen.

Die Vf. abgebildet: Eckhel N. veteres anecdoti Tafel III, 10
mit der Rf. der vorhergehenden. Demnach kommen die beiden
Vorderseiten und die beiden Kehrseiten in verschiedenen Zusammenstellungen vor. Der Dionysoskopf ist dem der Tetradrachmen von
Naxus Siciliae nachgebildet.

Tutini Calabriae.

Sestini Descrizione di molte medaglie in più musei S. 7,

Tafel II 1—9 hat eine Anzahl kleiner Silbermünzen meist mit der Aufschrift TOY oder TOYTI publicirt, welche ohne Zweifel falsch sind. Ich habe die meisten davon selbst gesehen, es sind kleine dicke Schrötlinge, welche niemals den ganzen Typus aufgenommen haben; dieselben Stempel sind zu verschiedenen Combinationen verwendet, deshalb beschreibe ich hier die 7 mir bekannten Stempel hinter einander.

1. Æ 1. Lorbeerbekränzter Apollokopf rechtshin, davor vielleicht $\frac{\Delta}{I}$, dahinter ein kleines unkenntliches Beizeichen (Sestini bildet es als einen Dioskuren-Hut mit dem Stern ab). Perlkreis.

2. Æ 1. Ein ähnlicher Kopf unbekränzt, auch das Beizeichen ist ähnlich.

3. Æ 1. Ein ähnlicher unbekränzter Kopf, vor welchem TOYTI steht.

4. Æ 1. Vogel mit ausgebreiteten Flügeln, von vorn, etwas rechtshin gewendet, links neben ihm VX (für VT, das ist TV rückläufig?)

5. Æ 1. Dreifuss, mit nach innen gebogenen Füssen, links daneben YOT, rechts ⊐.

6. Æ 1. Ross rechtshin laufend, darüber ein kleiner Vogel mit angelegten Flügeln rechtshin, unter des Rosses Leib ∏ und darin ein kleines o.   .

7. Æ 1. Triquetrum, in den Winkeln TOY.

Lucania.

Heraclea.

N u. Æ 8. Pallaskopf rechtshin, mit korinthischem Helm, welcher einen dünnen Busch hat, hinter dem Halse ⋈

Rf. YΛAIY (undeutliche kleine Buchstaben) Bärtiger Herakles stehend, von vorn, das Löwenfell um den Hals gebunden hängt hinten herab, er erhebt die Rechte, stützt sich mit der Linken auf die Keule, die bis an die Achsel reicht. Links im Felde zwischen Herakles und der kleinen Aufschrift ein Füllhorn (oder Rhyton?).

Beger Thesaurus Palatinus S. 259, Thesaurus Brandenburgicus I, S. 468 giebt eine richtige Abbildung, Sestini Lett. VIII, S. 30

beschreibt dies Exemplar unrichtig, Mionnet I 153 506 beschreibt ein Exemplar in Æ und liest PΛΛIV, die Aufschrift giebt jedenfalls keinen Sinn.

Sybaris.

Nach Versicherung des verstorbenen erfahrenen Münzhändlers Capranesi in Rom ist auch die grosse Silbermünze von Sybaris mit vertiefter *Rf.* in moderner Fälschung vorhanden, doch habe ich sie in Italien nie gesehen, und da die Münze nicht selten ist, erscheint die Nachricht zweifelhaft.

Velia.

Æ 7. Pallaskopf linkshin. der Helm ist mit einem Pegasus verziert, über dem Kopf A, hinter dem Nacken ein kleines vertieftes Quadrat.

Rf. YEΛHKΩ Löwe einen Hirsch würgend, linkshin.

Das bei der Königl. Sammlung befindliche Exemplar hat Sestini Lett. VIII, 30 Tafel V 6 publicirt, doch hat er IE irrig in das kleine Quadrat gesetzt; danach wiederholt es Mionnet S. I, 328, 899, schreibt aber irrig YHΛHKΩ.

Die *Rf.* mit der folgenden *Vf.* von Croton zu einer Münze vereinigt ist bei Hunter Tafel 22, XV abgebildet. Siehe darüber J. Friedlaender Oskische Münzen S. 18.

Bruttii.

Croton.

Æ 7. KPOTΩMI- Lorbeerbekränzter Kopf des Apollo rechtshin.

Rf. Herakles als Knabe sitzend und die Schlangen würgend, von vorn gesehen.

Das bei der Königl. Sammlung befindliche Exemplar ist von Sestini Lett. VIII 31 Tafel V 7 publicirt worden und Mionnet S. I 340 99, wiederholt die Beschreibung, giebt aber Aufschrift und Grösse irrig an, er übersah Sestini's Abbildung und Bemerkungen.

Eine echte Münze mit diesen Typen, aber weit kleiner und mit KPOTΩNIATAΣ, hat zum Vorbild gedient. Die *Vf.* mit der *Rf.* der vorhergehenden Münze vereinigt: bei Hunter Tafel 22 XV.

Rhegium.

Æ 2. (nach Sestini) Löwenkopf von vorn.

Rf. PEϨINOИ (rückläufig). Sitzender Zeus.

So beschreibt Sestini eine falsche Münze und setzt hinzu: ex officina Beckeriana. Allein die Beckersche Falschmünze passt nicht zu dieser Beschreibung, entweder ist sie ungenau, oder es existirt noch eine andere falsche Münze dieser Art.

Sicilia.

Sicilienses.

Sestini erwähnt die Beckersche falsche Münze, und fügt hinzu: Alius sed Æ 3 (das ist die Mionnetsche Grösse 3 bis 4) ex officina Catanensi. Vidimus in museo Regis Bavariae. Leider genügt Sestini's Angabe nicht, die Münze kenntlich zu machen.

Agrigentum.

Æ 8. Zwei Adler, rechtshin, einen Hasen zerreissend, hinter ihnen ein Stierkopf.

Rf. ΑΚΡΑΓΑΝΤΙΝΩΝ (bustrophedon auf ein Täfelchen geschrieben, welches oben im Felde schwebt), Nike im Viergespann linkshin, im Abschnitt ein knotiger Stab. Gesehen.

Nachbildung von Mionnet I 213 40, Tafel LXVII 1.

Catana.

1. Sestini führt die Beckersche Münze an, und sagt dann: alius Æ 2, dies wäre also etwa:

Æ 7. ΚΑΤΑΝΑΙΩΝ Lorbeerbekränzter Apollokopf, rechtshin. Perlkreis.

Rf. Quadriga, linkshin, die entgegenschwebende Nike kränzt den Lenker; im Abschnitt ΚΑΤΑΝΑΙΩΝ, darunter ein Fisch. Einfacher Kreis.

2. Sestini sagt: Mionnet S. I 379 151, ex officina Catanensi. Dies ist:

Æ 5. ΑΜΕΝΑΝΟC. Unbärtiger Kopf von vorn, von einem Bande umgeben, mit fliegendem Haar, zu den Seiten Fische.

Rf. Dreigespann rechtshin, Nike schwebt entgegen, im Abschnitt ein Maeander und darunter ΚΑΤΑΝΕΩΝ. Abgebildet Torremuzza Auctarium I Tafel III 2.

3. Æ 5. ΑΜΕΝΑΝΟΣ über dem Kopf des Flussgottes linkshin. Er ist jugendlich dargestellt und hat ein kleines Horn. Oben vor ihm ein Fisch, unten vor ihm eine Krabbe, hinter ihm ein Fisch.

Rſ. Viergespann rechtshin, der Führer hält einen Treibstachel, ihm entgegen schwebt Nike. Im Abschnitt
KATANAIΩN. Gesehen.

Auch diese Münze ist bei Torremuzza Tafel XX Nr. 8 abgebildet.

4. Æ 2¹/₂. Satyrkopf linkshin. *Rſ.* KATANAIΩN Stossender Stier
rechtshin. Gesehen.

Eryx.

Der Silbermedaillon mit der sitzenden Aphrodite und dem
Eros, Mionnet S. I 386 194, ist in Sicilien nachgeahmt worden.
Ich vermag jedoch die dort flüchtig gesehene falsche Münze nicht
genauer zu beschreiben.

Motya.

Æ 4 bis 5. Weiblicher Kopf rechtshin.

Rſ. MOTYA Reiter, nach Frauenart seitlich sitzend, linkshin,
In Sicilien verfertigt.

Naxus.

Æ 8. Bärtiger Kopf des Dionysus rechtshin, mit reichem
Epheukranz.

Rſ. NA Ξ I ON Satyr am Boden sitzend von vorn, das
rechte Knie erhoben, das linke am Boden, den Kopf
linkshin wendend und einen Becher anschauend,
welchen er mit der Rechten erhebt. In der Linken
hält er einen Zweig mit vielen kleinen Blättern, vor
dem linken Knie liegt ein gefülltes Thierfell, links im
Felde eine Rebe mit Blättern. Gesehen.

Gute sicilische Fabrik.

Panormus.
(Eine Goldmünze, s. unter Tauromenium).

Sestini sagt, es gebe eine Beckersche falsche Münze wie die
silberne: Mionnet I 266 472. Diese ist:

Æ 3. „Cereskopf".

Rſ. Stehendes Pferd, rechtshin, darunter eine kleine Kugel.

Becker hat eine solche Münze nicht gemacht, existirt aber eine
falsche, wie Sestini angiebt, so ist sie aus anderer Fabrik.

Segeste.

Æ 2. Vordertheil eines gestreckt stehenden Jagdhundes, rechtshin. Gesehen.

R*f*. ⟨symbol⟩

Die echte: Torremuzza Tafel LXIII 18. Das Silber der falschen ist sehr weiss, die Technik schlecht.

Selinus.

Æ 10. Zweigespann im Schritt, rechtshin, auf dem Wagen stehen Artemis lenkend und Apoll den Bogen abschiessend. Unter dem Leib der Rosse ist ein unkenntliches Beizeichen, im Abschnitt eine Lanzenspitze oder ein Blatt.

R*f*. ΣΕΛΙΝΟΝΤΙ ΟΝ Hypsas stehend, von vorn, sich linkshin wendend, in der vorgestreckten Rechten eine Schale über den brennenden Altar haltend, vor welchem der Hahn steht. Im linken Arm hält Hypsas einen breiten Zweig; rechts im Felde das Eppichblatt, und darunter ein Stier auf einer Basis, linkshin. Gesehen.

Von guter sicilischer Arbeit, besonders die R*f*. ist gut geschnitten.

Syrakus.

Ν 2. Athlet linkshin laufend.

R*f*. Gorgonenkopf von vorn, auf einem runden Schilde, umher ΣΥΡΑΚΟΣΙΩΝ.

Ein Exemplar, welches ich in einer Privatsammlung zu Neapel gesehen habe, schien mir modern.

Mionnet I 291 712 beschreibt folgende:

Ν 1. ΣΥΡΑ (rückläufig) Pallaskopf linkshin.

R*f*. Aegis, in deren Mitte ein Gorgonenkopf von vorn.

Sollte nicht die R*f*. dieselbe sein wie die der vorhergehenden Münze? Das Fehlen der Umschrift kann Folge der geringeren Ausbreitung des Schrötlings sein, dieser hat Grösse 1, jener Grösse 2. Hätten aber wirklich beide Münzen dieselbe R*f* bei verschiedenen V*f*, so bestätigt dies einigermassen den Verdacht der Falschheit. Auch die rückläufige Aufschrift auf einer Goldmünze von Syrakus ist sehr anstössig.

Da indessen der Herzog von Luynes im Bulletino archeologico

Napoletano, nuova serie I 170 die erste Münze als echt publicirt hat, bleibt die Sache in lite.

Æ 1. Weiblicher Kopf mit Diadem, rechtshin.

Rf. Sepia. Gesehen.

Von sicilischer Arbeit.

Æ 9½. Schilfbekränzter Kopf der Arethusa linkshin, mit Ohrring und Halsband, umher vier Delphine.

Rf. Männliche bekleidete Figur im Viergespann linkshin, in der Rechten den Treibstachel haltend. Oben im Felde Triquetrum, im Abschnitt ΣΥΡΑΚΟΣΥΩΝ (so). Gesehen.

Ein bis auf die Abschrift nicht sehr missrathenes Dekadrachmon. Ich nenne die Blätter des Kranzes Schilf, es sind wohl Blätter der Kornhalme.

Æ 5½. Schilfbekränzter Kopf der Arethusa linkshin mit Ohrring und Halsband, oben ΣΥΡΑΚΟΣΙΩΝ, umher vier Delphine, von denen der eine dicht unter dem Halse dargestellt ist.

Rf. Grosse Aehre.

Abgebildet: Beger Thesaurus Brandenburgicus I 386; ein andres Exemplar: Torremuzza Tafel LXX 15; ein unvollständiges: Hunter 37 XIV unter Metapont. Mionnet I 300 793 sagt schon, dass diese Münze falsch ist.

Æ 3. Pallaskopf linkshin (er ist sehr klein im Verhältniss zur *Rf.*

ΣΥΡΑΚΟ

Rf.   ẊIII

ΣΙΩΝ

Eine in Sicilien verfertigte plumpe Kopie der Münze: Pembroke II 79, welche auch bei Torremuzza LXXI 7 wiederholt ist.

Æ 2. Weiblicher Kopf linkshin, mit Ohrring und Haarnetz.

Rf. ΣΥΡΑΚΟΣΙΩΝ (in einer gebogenen Zeile)

̥°̥ XIII Gesehen.

Die moderne Haartracht macht schon die Fälschung kenntlich. Das Silber ist weiss, wie bei vielen in Sicilien gemachten falschen Münzen.

Æ 4. ΕΛΕΥΘΕΡ(ΙΟΣ) Lorbeerbekränzter Kopf des Zeus, linkshin.

Rf. ΣΥΡΑΚΟΣΙΩΝ Pegasus linkshin.
Von moderner sicilischer Fabrik. Gesehen.

Tauromenium.

N 2. Weiblicher Kopf rechtshin.

Rf. Lyra (von seltsamer Form) rechts daneben ℞ Gesehen.
Torremuzza Tafel LV, 1. Des Monogramms wegen könnte
diese Münze auch Panormus zugetheilt werden, die Typen kommen
in Tauromenium vor.

Agathocles.

Æ 8. ΚΟΒΑΣ (so) Aehrenbekränzter Kopf der Persephone
rechtshin mit Ohrring und Perlenhalsband.

Rf. (Ohne die gewohnte Aufschrift ΑΓΑΘΟΚΛΕΟΣ der
echten) Bekleidete Nike, nur die linke Brust ist ent-
blösst, rechtshin vor einer Trophäe stehend, mit der
Linken hält sie einen Nagel an den Helm der Trophäe,
in der herabhängenden Rechten den Hammer, links
unten im Felde das Triquetrum, rechts unten A. Gesehen.

Hiero II.

N 3. Aehrenbekränzter Kopf der Demeter linkshin, dahinter
ein kleines Füllhorn.

Rf. Zweigespann linkshin, unter den Pferden A, unten im
Felde ΙΕΡΩΝΟΣ. Gesehen.

Hieronymus.

N 2. Pallaskopf linkshin, mit korinthischem Helm und einer
Perlschnur um den Hals.

Rf.   ΒΑΣΙΛΕΩΣ

                 ΛΑ
              Blitz
                 Σ
              ΙΕΡΩΝΥΜΟΥ   Gesehen.

Æ 5¼. Kopf des Hieronymus mit dem Diadem, linkshin.

Rf.   ΒΑΣΙΛΕΩΣ

                 ΝΙ
              Blitz
              ΙΕΡΩΝΥΜΟΥ
                                               Gesehen.

Philistis.

Eine falsche Münze, welche leicht daran zu erkennen ist, dass sie statt des Φ im Namen ein ⵁ hat.

Griechenland.

Chersonesus Taurica.

Chersonesus.

1. A′ 2½. Jugendlicher Kopf des Herakles, rechtshin, mit dem Löwenfell bedeckt.

Rf.   XER
                        Keule
                        Traube.

Sestini Tafel I, 4, er sagt S. 12: ex officina Smyrnensi.

2. Er führt ferner an: Æ 2 (das ist etwa Grösse 4 nach Mionnet) Bos cornupeta; ex officina Smyrnensi; conf. Mionnet I, 346, 4. Allein dies ist eine Kupfermünze: „Kopf der Artemis, mit dem Bogen. *Rf.* XEP ΑΓΑΣΙΚ Stossender Stier. Æ 5.“

Daraus ergiebt sich, dass Sestini's Angabe ungenügend ist.

Panticapaeum.

1. A′ 3¼. Epheubekränzter Kopf des Pan, linkshin.

Rf. A $_{\Pi}^{\mathrm{N}}$ Greif auf einer Aehre linkshin schreitend und im Rachen einen Speer haltend.

Sestini Tafel IV, 1. Fabrik von Smyrna. Von der bei Mionnet Tafel LXIX, 3 abgebildeten echten weicht diese in der Stellung der drei Buchstaben ab.

2. Eine ähnliche aber Π $_{\mathrm{N}}^{\mathrm{A}}$

Sestini Tafel I, 5. Fabrik von Smyrna. Von Mionnets Abbildung der echten unterscheidet sich diese darin, dass der rechte Vorderfuss des Greifen in Sestini's Abbildung fast den Speer berührt.

3. Sestini führt noch die Beckersche Münze an, diese stimmt im Allgemeinen mit der letzten, weicht jedoch im Einzelnen mehrfach ab.

Æ 4. Epheubekränzter jugendlicher Kopf rechtshin.

Rf. ΠΑΝΤΙ
ΚΑΠΑΙ
ΤΩΝ darüber eine Traube, das Ganze in einem Kranz von Epheublättern mit Corymben.

Æ 1. Jugendlicher Kopf des Pan.

Rf. Vordertheil eines Löwen rechtshin, den Kopf zurückwendend. Im Abschnitt ΠΑΝΤΙ oder vielleicht nur ΠΑΝΤ.

Beide aus Kertsch 1869 gesandt.

Theodosia.

Æ 4. Behelmter Kopf rechtshin.

Rf. Bogen im Futteral
Keule
ΘΕΥ.

Aus Kertsch 1869 gesandt. Vortreffliche Arbeit.

Thracia.

Abdera.

Æ 7. Greif, darüber Diota.

Rf. ΕΠΙ ΜΕΛΑΝΙΠΠΟ in einem vertieften Quadrat, welches ein anderes Quadrat umgiebt.

Diese undeutliche Beschreibung giebt der Katalog Allier, die

R/. ist gewiss so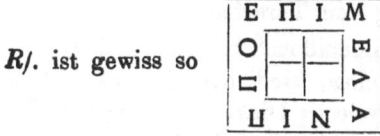

Aenus.

Æ 6. Kopf des Hermes, von vorn, mit einem Hut, dessen Rand eine Perlenschnur umgiebt.

Rf. ΑΙΝΙΟΝ über dem Rücken einer rechtshin schreitenden Ziege; unten vor ihr ist ein kleiner korinthischer Helm mit einem Busch, rechtshin gewendet. Gesehen.

Aehnlich Mionnet Suppl. II, Tafel V 4.

Kenntlich ist die falsche Münze daran, dass in den beiden N der Mittelstrich dünner ist als die Langstriche.

Aenus Pertinax.

Æ 11. ΑΥΤ · ΚΑΙϹ · Π · ΗΕΛΥ (so) ΠΕΡΤ Lorbeerbekränzter
Kopf des Pertinax rechtshin.

Rſ. ΑΗΝΙΩΝ (so) Ephesische Artemis im viersäuligen
Tempel.

Katalog Ennery S. 477, als echt, von Eckhel D. II 23 für
falsch erklärt. Mit etwas abweichender Umschrift der *Vſ.* bei
Mionnet S. II, 215, 59 als „wahrscheinlich von dem Fälscher Cogornier gemacht.“

Thasus.

1. *Æ* 3½—4. Epheubekränzter Kopf des bärtigen Bacchus
linkshin.

Rſ. ΘΑϹΙ ΩΝ Herakles rechtshin, auf dem rechten Knie
knieend, mit dem Löwenfell bekleidet, den
Bogen abschiessend. Das Ganze von einem
Linien-Quadrat umgeben, und im vertieften
Quadrat. Gesehen.

Sestini Tafel IV, 2: ex officina Smyrnensi.

2. Dumersan S. VIII beschreibt:
Æ 5. Tête de Bacchus à gauche.

Rſ. Hercule tirant de l'arc, lyre ΘΑϹΙΟΝ.

Es giebt eine solche Beckersche Münze, welche aber weit grösser
ist. Dumersan's Münze war also wahrscheinlich eine andere oder
die Lyra ist irrig und es ist die obige Münze.

Lysimachus, König von Thracien.

Die grossen Goldmünzen, „Medaillons“ genannt, sind sämmt-
lich falsch; alle, welche ich gesehen, sind aus den nämlichen
Stempeln geprägt, sie sind von zweierlei Dicke und wiegen theils
35,1, theils 17,52 Gramm, sie sollen also das Gewicht von 8 und
von 4 attischen Drachmen haben, sind aber überwichtig, denn die
Vollgewichte sind 34,91 und 17,45.

Das Uebergewicht und die Prägung zwei verschiedener Werth-
stücke aus denselben Stempeln sprechen auch für Fälschung. Im
Alterthum ist beides wohl nicht vorgekommen. Mionnet hält
diese Münzen auch für falsch.

Æ 4½. Kopf des Lysimachus rechtshin, mit dem Diadem und
Widderhorn.

Rf. ΒΑΣΙΛΕΩΣ (das letzte Σ undeutlich) ΛΥΣΙΜΑΙ· (so, rückläufig) Pallas auf einem löwenfüssigen Sessel sitzend, linkshin, auf der Rechten hält sie eine Nike, den linken Arm stützt sie auf den Schild, links im Felde ΔΙ. Von guter etwas scharfer älterer Arbeit. Gesehen.

Paeonia.

Æ 4. Lorbeerbekränzter Kopf des Zeus rechtshin.

Rf. ΠΑΟΝΩΝ (so) in einer geraden Zeile, darunter ein Blitz, dessen je drei seitliche Strahlen aus Perlen gebildet sind, unten $\frac{Y}{A}$

Sestini Tafel I, 6, Fabrik von Smyrna.

Macedonia.

Macedonia romana prima.

Æ 6½. Pallaskopf linkshin, der Helm ist mit einem Pegasus geziert, über dem Kopf steht A, hinter ihm am Nacken ist ein kleines vertieftes Quadrat.

Rf. ΜΑΚΕΔΟΝΩΝ
Keule
ΠΡΩΤΗΣ ✳ in einem Eichenkranze, wo dieser geschlossen ist, nämlich zur linken, ist ausserhalb ein Blitz.

Sestini Tafel I, 7 (ungenau). Der Stempel der *Vf.* ist derselbe wie der der Münze von Velia mit ΥΕΛΗΚΩ. Ein anderes Exemplar mit dieser *Rf.* der Macedonia prima hat auf der *Vf.* den Kopf von Croton mit ΚΡΟΤΩΜΙ—. Es liegen also hier verschiedene Combinationen derselben falschen Stempel vor.

Acanthus.

Sestini führt die Becker'sche Münze an, citirt aber Mionnet I, 461, 93 irrig statt 90.

Chalcidice.

Æ 6½—7. Lorbeerbekränzter Apollokopf rechtshin (im Kranze gehen je zwei Blätter von einer Beere aus).

Rf. ΝΩΝ ΧΑΛ ΚΙΔ
Lyra

ΕΠΙ ΑΡΙΣΤΩΝΟΣ   Gesehen.

Das I in ΑΡΙΣΤΩΝΟΣ gleicht einem E. Die falsche Münze ist der im Katalog Allier Tafel IV, 16 sehr ähnlich.

Mende.

Æ 7. ΜΙΝΔ Rabe auf einem Esel stehend.

Rf. Vertieftes Quadrat, nach Art der Mühlenflügel.

Katalog Allier S. VIII; wahrscheinlich ist dies die Beckersche Münze, aber die Beschreibung des Katalogs Allier stimmt nicht ganz mit ihr, vielleicht giebt es also eine zweite falsche.

Neapolis.

Æ 5. Gorgonenmaske mit ausgestreckter Zunge.

Rf. Vertieftes Quadrat, in vier kleinere getheilt.

Sestini sagt, diese Münze sei aus der Smyrnaer Fabrik; Becker hat sie verfertigt, vielleicht meinte Sestini diese Beckersche.

Philippi.

N 3. Unbärtiger Kopf des Herakles mit dem Löwenfell rechtshin.

Rf. ΦΙΛΙΠΠΩΝ (in einer Zeile links im Felde) Dreifuss von welchem seitlich Opferbinden hängen, rechts im Felde ein kleiner böotischer Schild und ein Heroldstab.

Sestini Tafel I, 8.

Pythium.

Æ 4. Behelmter Pallaskopf rechtshin.

Rf. ΠΥΘΙΑΤΩΝ Pferd rechtshin galoppirend, (die 5 ersten Buchstaben stehen oben, das T rechts, die beiden letzten unter dem Leib des Pferdes).

Sestini Tafel I 9, auch habe ich ein Exemplar in der Schülerschen Sammlung in Jena gesehen, welche, glaube ich, in die Grossherzogliche in Karlsruhe übergegangen ist.

Archelaus, König von Macedonien.

Æ 5. Jugendlicher männlicher Kopf rechtshin, mit einem Bande um das kurze Haar.

Rf. ΑΡΧ E

O Ross rechtshin schreitend mit schleppendem Zügel, (das O steht unter des Rosses Leib). Gesehen.

Philippus II, oder ein anderer **Philippus** von Macedonien.

N 3. Kopf wie der des Lysimachus mit dem grossen Widderhorn, linkshin. Etwas barbarisch.

$Rf.$ ΦΙΛΙΠΠΟΥ unten im Halbkreise herum. Ein behelmter Reiter rechtshin, im Schritt, den Kopf zurückwendend und die Rechte ausstreckend. Gesehen.

Die $Rf.$ hat einige Verwandtschaft mit der $Rf.$ der Didrachmen Philipps II.

Philippus Aridaeus, König von Macedonien.

Æ 4. nach Sestini Unbärtiger Kopf des Herakles mit dem Löwenfell.

$Rf.$ ΦΙΛΙΠΠΟΥ Blitz, unten eine Traube.

Sestini sagt, diese Münze sei von Becker; dies ist irrig, nach seiner Grössenangabe 4 ist es eine ganz kleine; sie ist (wenn sie überhaupt falsch existiert) gewiss auch in N abgeprägt worden.

Perseus, König von Macedonien.

Æ 9. Kopf des Königs Perseus mit dem Stirnband, und mit schwachem Bart, rechtshin.

$Rf.$ ΒΑΣΙΛΕΩΣ ΠΕΡΣΕΩΣ (in zwei geraden Zeilen) Adler mit ausgebreiteten Flügeln auf einem Blitze stehend, rechtshin, im Felde vor dem Flügel ⚏, zwischen den Füssen des Adlers Λ, das Ganze in einem Eichenkranz.

In der Sammlung des Professors Steinla in Dresden, jetzt im Kgl. Münzkabinet daselbst.

Sestini beschreibt diese Münze nicht völlig genau: ex officina Smyrnensi.

Thessalia.

Ctemene.

Æ 2. Lorbeerbekränzter Kopf des Apollo rechtshin.

$Rf.$ K $\overset{T}{H}$ um eine breite Lyra.
ЯM   Gesehen.

Sestini Tafel I, 10.

Demetrias.

Æ 3. Artemiskopf rechtshin, Bogen und Köcher auf der linken Schulter.

Rſ. ΔΗΜΗ
  Prora
  ΤΡΙΕΩΝ

Nachahmung von Mionnet S. III, 283 137, vielleicht fehlt nur zufällig auf dem hier beschriebenen Exemplar das Monogramm, welches die echte noch hat.

Hestiaeotis.

Æ 10. ΔΙΟΝΥΣΙΟΣ Weiblicher epheubekränzter Kopf rechtshin, mit Ohrring und Perlhalsband.
  Rſ. ΙΣΤΙΑΙΕΩΝ. Weibliche bekleidete Figur, auf einem Schiffshintertheil sitzend, rechtshin, in der Linken eine Stange mit daran hängendem Segel, die Rechte auf das Schiff stützend. Dieses hat die Form einer Wanne und einen Zierrat wie ᴖᴕ). Gesehen.

Von schlechter roher Arbeit; es ist ein Missverständniss, dass die Frau auf der *Rſ.* ein Segel hält, sie hält auf der echten nur die Stange, und was einem Segel zuweilen gleicht, sind die Spitzen des Aplustre. Mionnet II 307 67 führt eine ähnliche ohne ΔΙΟΝΥΣΙΟΣ als falsche an, aber ebenda 66 eine andere als echt, die letztere bildet er S. IV Tafel XII 1 ab. Vielleicht ist es immer dieselbe falsche? Das Wort ΔΙΟΝΥΣΙΟΣ konnte leicht entfernt werden, und Mionnet's Abbildung stimmt sonst mit unserer falschen.

Lapithae.

Æ 7. ΑΠΟΛΛΩΝ ΣΩΤΗΡ Kopf des Apollo rechtshin, an der Schulter Bogen und Köcher, vor dem Kopf ein Stern.
  Rſ. ΛΑΠΠΙΘΩΝ (so) Lyra, darüber Δ, das Ganze im Lorbeerkranz.

Sehr schlechte Arbeit, Schachmann hat im Katalog seiner Sammlung S. 62 ein Bronzeexemplar aufgeführt.

Pherae.

Die von Sestini S. 18 beschriebene 1, Tafel II 3 abgebildete Silbermünze hat statt .. ΡΑΙΩΝ wie sein Exemplar zeigt: (ΘΗ) ΒΑΙΩΝ und wird daher, nach besseren Exemplaren unter Thebae beschrieben.

Thebae.

Æ 3. Weiblicher Kopf rechtshin, über das Hinterhaupt ist
der Schleier gezogen. Vorn über der Stirn ist das
Haar unnatürlich in Wellen aufstehend dargestellt (dies
sind missverstandene Aehren).

Rf. ...AIΩN (gewiss haben andere Exemplare ΘΗΒΑΙΩΝ)
Protesilaus kämpfend, rechtshin, vor einem Schiffsvordertheil. Er
ist behelmt und geharnischt, hält in der Rechten ein kurzes
Schwert und am linken Arm einen grossen Schild, dessen innere
Seite senkrecht gestreift ist. Gesehen.

Dumersan S. VIII; mit . . ΒΑΙΩΝ Sestini Tafel II 3 aber
irrig als Münze von Pherae, sein Exemplar hatte nicht die ganze
Aufschrift, die echte ähnliche Münze hat ΘΗΒΑΙΩΝ.

Epirus.

Æ 5. Eichenbekränzter Kopf des Zeus rechtshin, dahinter ƎK
unter dem Halse ΛP.

Rf. ΑΠΕΙΡΩΤΑΝ Adler auf dem Blitz rechtshin, umher
ein Eichenkranz mit Eicheln. Gesehen.

Mionnet II 48 15 „coin moderne".

Ambracia.

N Æ Æ. ΑΡΛΕΣΑΣ Kopf des Acheloos rechtshin mit Stierhals
und Hörnern, dahinter A.

Rf. ΑΜΒΡ Dreizack.

So, ohne Grössenangabe beschrieben bei Mionnet S. III 365 46.

Pyrrhus, König von Epirus.

1. N 4. Aehrenbekränzter Kopf der Demeter, linkshin, davor
ein Mohnkopf, darunter eine Kammuschel.

Rf. ΒΑΣΙΛΕΩΣ ΠΥΡΡΟΥ Pallas linkshin schreitend, am
linken Arm den Schild, mit der Rechten die Lanze
schwingend, im Felde Blitz, Stern, A.

Mionnet II 63 15: „coin moderne."

2. N 4. Unbärtiger behelmter Kopf rechtshin.

Rf. ΠΥΡΡΟΥ Eros auf einem Delphin rechtshin.

Mionnet II 64 21 und S. III 421 9 nach Pembroke und

Gessner, das Pembroke'sche Exemplar war Æ. Es giebt keine solche echte Münze.

3. Æ Kopf des Pyrrhus mit dem Stirnband, rechtshin.

Rf. ΒΑΣΙΛΕΩΣ ΠΥΡΡΟΥ ΗΠΕΙΡΩΤ (so) Nike auf einer Biga von Elephanten, jeder mit einem Lenker, dahinter eine Trophäe.

Mionnet II 65 25 „coin moderne"; es giebt keine solche echte Münze.

4. Die grosse Æ mit dem Kopf des Zeus von Dodona und der sitzenden Hera hat Becker gemacht.

Acarnania.

Sestini sagt: „Mionnet II 79 3') similis ex officina Beckeriana." Diese Mionnet'sche Münze ist folgende.

Æ 7. ΛΟΥΚΟΥΡΓΟΣ (so bei Mionnet statt ΛΥΚΟΥΡΓΟΣ) Unbärtiger Kopf mit Stierhals.

Rf. ΑΚΑΡΝΑΝΩΝ Apollo nackt auf einem Sessel, linkshin, hält in der Rechten den Bogen; im Felde ein Eberkopf, unter dem Sessel ꟼꝹ.

Diese Münze hat nun aber Becker nicht gemacht, sondern eine kleinere, die er in Gold und Silber geprägt hat. Existirt also wirklich, wie Sestini angiebt, die grosse silberne falsch, so muss sie aus andrer Fabrik sein.

Locri Opuntii.

Æ 6. Weiblicher Kopf, linkshin, mit Ohrring und Perlenhalsband.

Rf. ΟΠΟΝΤΙΩΝ Nackter behelmter Krieger, rechtshin eilend, in der Rechten hält er (ein Schwert), am linken Arm einen grossen Schild, auf dessen innerer Seite eine Blume und eine Palmette dargestellt sind. Dicht unter dem Schilde ist eine Traube oder ein Blatt.

So bildet Sestini Tafel IV 3 diese Münze ab, in seiner Beschreibung nennt er den Kopf der Vorderseite ährenbekränzt und zu den Füssen des Aiax erwähnt er eine zerbrochene Lanze. Was er bulbus cum flore nennt, ist wahrscheinlich ein kleiner

---

1) Sestini sagt eigentlich: „Mionnet I, S. 76 Nr. 3" allein dies sind „Druckfehler" wie sie oft bei ihm vorkommen.

Greif, rechtshin, und darüber die Palmette. Die Becker'sche Münze hat den Kopf der Vorderseite rechtshin.

Phocis.

Delphi.

Æ 6. Aehrenbekränzter Kopf der Demeter mit dem Schleier, linkshin.

Rſ. ΑΜΦΙ ΚΤΙΟ ΝΩΝ (die letzten drei Buchstaben im Abschnitt) Apollo, lorbeerbekränzt in langem Gewande auf dem Omphalos linkshin sitzend, stützt den rechten Ellenbogen auf eine neben ihm am Boden stehende grosse Lyra und hält in der Linken ein Scepter, welches oben in ∪ endet, links im Felde vor ihm ein kleiner Dreifuss. Gesehen.

Sestini Tafel I 11 bildet ein weniger vollständiges Exemplar als Cadalvène Tafel II 18 ab. Cadalvène selbst (S. 151 Anm. 2 seines Recueil de médailles grecques) hält seine Münze für falsch. Die Abbildung bei Sestini Tafel I 12 stellt gewiss Becker's Münze dar.

Boeotia.

Æ 3½ Aehrenbekränzter Kopf der Demeter von vorn.

Rſ. ΒΟΙΩΤΩΝ (in einer geraden Zeile im Felde) Poseidon nackt, stehend, rechtshin, mit der Rechten auf den Dreizack gestützt, auf der Linken den Delphin haltend; rechts im Felde Δ, darunter ein Stierkopf von vorn.

Sestini Tafel IV 4.

Haliartus.

Æ 4½ Böotischer Schild, auf welchem ein Dreizack liegt.

Rſ. ΑΡΙ ΑΡ ΤΙ ΟΝ Poseidon rechtshin laufend, in der Rechten den Dreizack, die Linke vorstreckend.

Sestini Tafel II 1. Dies Exemplar, welches Sestini als falsch giebt, stimmt fast ganz mit seiner Abbildung des echten in der Descrizione di molte medaglie greche S. 71 Tafel X 5. Cadalvène Tafel II 19 bildet ein Exemplar ab, welches fast ganz von den Sestinischen abweicht, und hält alle für falsch. Dies ist irrig.

Ismene.

Æ 6. Aehrenbekränzter Kopf der Demeter mit dem Schleier, linkshin.

IΣ

Rf. M   H   dazwischen eine stehende Ziege, linkshin.

N

Sestini Tafel II 2.

Tanagra.

Æ 5. Böotischer Schild, in der Mitte ist eine Biene ein-gestempelt.

Rf. T A zu Seiten des Vordertheils eines rechtshin galop-pirenden Pferdes, welches einen Kranz um den Hals trägt, unter dem Leib des Pferdes eine Traube. Gesehen.

Sestini Tafel II 4; erwähnt in Cadalvène Recueil S. 159 Anm. 2; dort wird ein echtes publicirt, welches einen Dreizack an Stelle der Traube hat.

Es giebt natürlich auch Exemplare ohne die eingestempelte Biene.

Thebae.

Æ 4¹/₂ Böotischer Schild.

Rf. Vertieftes Quadrat mit sehr tiefer mühlenflügelförmiger Theilung; in der Mitte statt des Θ eine volle flache Rundung (wie die Werthkugeln).

Sestini Tafel II 5. Ein Exemplar, welches ich gesehen habe, hatte das richtige Gewicht 11,33

2. Æ 4¹/₂. Epheubekränzter Kopf des bärtigen Bacchus, rechtshin.

Rf. Böotischer Schild.

Sestini Tafel II 6. Ein Exemplar liegt mir vor, Sestini's Abbildung giebt den Charakter dieser vortrefflichen Arbeit nicht wieder, ja diese Abbildung ist nicht einmal völlig genau.

3. Æ 5. Pallaskopf rechtshin, am Kessel des Helms ein laufender Greif, zwischen dem Nacken und dem Helmbusch Θ, vor dem Halse Φ.

Rf. Grosse verzierte Amphora, zu Seiten des Fusses Θ EB.

Bei Herrn von Rauch 1860 gesehen. Der Kopf gehört wohl zu einer Münze von Velia.

Die ¡früher hierher gestellte Münze mit dem vor der Prora
kämpfenden Protesilaus s. bei Thebae Thessaliae.

Athen.

1. *N* 4. Pallaskopf rechtshin, der Helm ist mit einer Arabeske
verziert, das Haar durch Punkte dargestellt.

   Rf. Eule rechtshin, den Kopf nach vorn wendend, vor ihr
steht AΘE (der erste Strich des A ist unten von der
Eule bedeckt), hinter der Eule ein Zweig von zwei
Blättern und einer halbmondförmigen Frucht. Vor den
Beinen ein liegender Kalathus. Die Federn der Eule
sind durch Punkte dargestellt.

Sestini Tafel II 7 (siehe S. 20); Cadalvène Recueil Tafel II 22,
doch gilt daselbst S. 164 dies Exemplar für echt. Der Katalog
Allier S. VIII führt dagegen ein Exemplar als falsch auf.

2. *N* 3. Aehnlicher Kopf.

   Rf. Eule rechtshin, den Kopf nach vorn wendend, an
ihrem linken Fuss ein kleiner Zweig von vier Blättern;
hinter der Eule ein Oelzweig von drei Blättern, vor
ihr AΘϹ (so).

Sestini Tafel II 8.

3. Das Dekadrachmon hat Becker gemacht, aber ausserdem
auch ein andrer Fälscher. Ein Exemplar von richtigem Gewicht
(42,3 Gramm) habe ich gesehen, es ist vortrefflich gemacht,
dem bei Beulé abgebildeten sehr ähnlich, es hatte einen halb
bräunlichen, halb schwarzen Oxyd-Ueberzug, der theilweis ab-
gesprungen war. Der Mann, der es verkaufen wollte, führte eine
Anzahl Falschmünzen aus der Smyrnaer Fabrik.

Achaia.

Corinth.

Æ 5. ΑΛΕΞΑΝΔΡΟΣ Pallaskopf, linkshin.

   Rf. Pegasus linkshin fliegend, darunter ♀ und ein kleiner
Helm dem macedonischen ähnlich aber mit einem
Busch. Gesehen.

Mionnet I 319 999 nennt dieselbe Münze (seine Schwefel-
paste liegt mir vor): médaille refaite, allein es sind m o d e r n e
S t e m p e l. Vergl. Pellerin P. et V. I Tafel XVII 14.

Argolis.

Argos.

1. Æ 6. Kopf der Hera rechtshin, mit einem Aufsatz, welcher
mit einem solchen Zierrat ✧ geschmückt ist.

Rſ. ΑΡΓΕ ΙΩΝ Zwei Delphine, der eine nach oben, der
andere nach unten gestellt, zwischen ihnen ein Köcher
mit seinem Deckel. Gesehen.

Sestini Tafel II 9; Cadalvène Tafel III 3 bildet ein echtes
Exemplar ab, und erwähnt S. 192 Anm. 1 diese falsche Münze.

2. Æ 6. Aehnlicher Kopf linkshin, der Aufsatz ist mit Palmetten verziert.

Rſ. ΑΡΓΕΙΩΝ Ein Delphin rechtshin, darunter ein Schwan
rechtshin mit ausgebreiteten Flügeln, dann ein Delphin
linkshin, dieser steht jedoch verkehrt. Gesehen.

Cadalvène S. 192 Anm. 1 erwähnt auch diese als falsch.

Phlius.

Æ. Stossender Stier, auf einem Perlstrich stehend linkshin,
im Abschnitt ΦΛΕΙΑ (rückläufig).

Rſ. Rad mit vier Speichen, in einem vertieften Quadrat,
in dessen Ecken steht Σ Ι

N Ω

Sestini. Die echte Münze hat er Lettere II Tafel IV 23 abgebildet, und Lettere VIII S. 140 beschrieben. Mionnet's Wieder-
holung der Beschreibung II 198 367 ist irrig.

Sicyon.

Æ 6. Chimära linkshin schreitend, der etwas kurze Löwenkopf ist gesenkt, der rechte Vorderfuss erhoben, unter
dem Bauche ΣΕ.

Rſ. Taube, rechtshin fliegend, den rechten Flügel sieht
man über dem Leib, den linken unter ihm, umher ein
Kranz, welcher links, also hinter der Taube, geschlossen
ist, ausserhalb des Kranzes eine wellenförmige Ver-
zierung, deren Zacken nach innen gekehrt sind. Gesehen.

Elis.

Æ 7. Kopf der Hera rechtshin, am Diadem steht zwischen (flügelförmigen) Palmetten HPA.

Rf. F A zu Seiten des Blitzes, umher ein Kranz. Gesehen. Die *Vf.* ist hoch convex.

Æ 4¹/₄. Adler im Fluge einen laufenden Hasen fassend, rechtshin.

Rf. F A zu Seiten eines geflügelten Blitzes (die Blitzflügel sind abwärts gekehrt). Im vertieften Quadrat. Gesehen.

Dies sind ohne Zweifel die beiden von Sestini kurz erwähnten, aber nicht beschriebenen Münzen, aus der Smyrnaer Fabrik.

Laconia.

König Areus.

Sestini beschreibt die Drachme mit ΒΑΣΙΛΕΩΣ ΑΡΕΟΣ, die den Drachmen Alexander's nachgeahmt sei.

Das Tetradrachmon, ein Unicum, gab die Veranlassung, die entsprechende Drachme zu erfinden.

Creta.

Cnosus.

Æ 7. Weiblicher Kopf linkshin, mit Diadem, Perlenhalsband und Gewand um die Brust (das Halsband hängt scheinbar vom Ohre herab).

Rf. Labyrinth, darüber ein Stern, links ein Blitz, rechts ein brennender runder Altar, unten ΚΝΩΣΙΩΝ. Gesehen.

Von sehr modernem Styl.

Cydonia.

Æ 6. Epheubekränzter Kopf des Dionysus oder einer Bacchantin, linkshin.

Rf. Wölfin, den Knaben Miletos säugend, linkshin. Im Abschnitt ΚΥΔΩΝ. Gesehen.

Euboea.

Histiaea, siehe Hestiaeotis Thessaliae.

Delos.

N 2. Lorbeerbekränzter Kopf des Apollo, rechtshin.
  Rf. Δ H zu Seiten einer breiten Lyra, darunter ein kleiner Dreizack.
Sestini Tafel II 10.

Naxos.

Æ 3¹/₂. Bärtiger epheubekränzter Kopf des Bacchus, rechtshin
  Rf. ΝΑΞΙ ΚΡΗΟΕ (so in zwei geraden Zeilen) zu Seiten eines Kantharos. Gesehen.

Paros.

N 3. Aehrenbekränzter Kopf der Demeter mit dem Schleier, rechtshin.
  Rf. ΠΑ Ziege, auf dem rechten Vorderbein knieend, rechtshin.
Sestini Tafel II 11.

Syros.

1. N und Æ 5. Aehrenbekränzter Kopf der Demeter, rechtshin.
  Rf. ΘΕΩΝ ΚΑΒΕΙΡΩΝ (in zwei geraden seitlichen Zeilen) im Abschnitt ΣΥΡΙΩΝ. Die Dioskuren, stehend, von vorn, auf den Hüten Sterne, auf dem Rücken hängt jedem ein kurzer Mantel, die einander zugekehrten Arme sind in die Hüften gestützt, die abgekehrten Arme halten Lanzen, rechts unten im Felde ⚑. Das Ganze im Kranze.
Sestini Tafel II 12. Er sagt, es gebe zwei verschiedene, eine davon sei von Becker, dies letztere ist gewiss irrig.

2. Æ 1¹/₂ Kopf mit Hut (dessen untere Fläche vor und hinter dem Profil sichtbar ist).
  Rf. ΣΥΡ über einer Ziege, rechtshin. Gesehen.

Tenus.

Æ 7. Lorbeerbekränzter bärtiger Kopf mit Widderhorn, rechtshin.

Rf. T H zu Seiten des linkshin gewendeten thronenden Poseidon, er ist unterwärts mit dem Mantel bekleidet, hält den Delphin auf der vorgestreckten Rechten und stützt sich mit der Linken auf den Dreizack. Gesehen.

Sestini führt eine abweichende auf, allein er meint gewiss diese. Die bei Sestini Lett. cont. V S. 33 Tafel I 15 und bei Cadalvène S. 256 Nr. 1 abgebildeten weichen von dieser falschen Münze mehrfach ab, sie werden also wohl echt sein?

Skyros.

Æ 2. Behelmter bärtiger Kopf linkshin.

Rf. ΣΚΥΡΟ

Boötischer Schild.

Schwert.

Von Dumersan in seinen Méd. inédites, Paris 1832, S. 1 als echt publicirt! Doch soll er später die Falschheit der Münze eingesehen haben, siehe Hannoversche Blätter für Münzkunde III 105. Es giebt keine echten Münzen dieser Insel.

Andere Exemplare in Æ, deren ich einige gesehen, haben einen jugendlichen behelmten Kopf (Achill) rechtshin, oder einen weiblichen Kopf, linkshin. Sie gehören zu einer Reihe kleiner Münzen, welche verschiedene Combinationen von *Vf.* und *Rf.* zeigen, und bald in Æ bald in Æ vorkommen. Mehrere hat ein deutscher Buchhändler in London zu vertreiben gesucht.

Kleinasiatische Stater und Hectae.

(Kyzikener).

Sestini sagt S. 37 es seien auch „Stateri in oro" nachgeahmt worden, er beschreibt sie nicht. — Ich kenne nur die folgende Münze, die mir falsch zu sein scheint.

N 4. Nike, von altem Stil, linkshin eilend, den Kopf rechtshin wendend, in der Rechten den Thunfisch haltend, mit der Linken das Gewand erhebend.

Rf. Vertieftes Quadrat.

Aehnlich einem alten Tetradrachmon von Elis. Das Gewicht 8,27 Gramm passt nicht.

Hectae.

Ausser den Becker'schen Stücken kenne ich nur eine moderne Kopie der folgenden Münze:

Æ 1¹/₂. Weiblicher Kopf, rechtshin, mit Aehrenkranz, Schleier und Ohrring.

Rf. Dreifuss, von welchem eine Opferbinde herabhängt, von einem einfachen Linienquadrat eingerahmt.

Die echte Münze beschreibt Mionnet VI 625 92, sie ist abgebildet: Suppl. IX Tafel X 15.

Bosporus.

Phanagoria.

Æ 4. Apollokopf, rechtshin.

Rf. Weidendes Ross, linkshin, darüber ΦΑΝΑΓΟ und im Abschnitt ΡΙΤΩΝ, vor dem Rosse ein Monogramm aus ΠΑΡ.

Aus Kertsch 1869 gesandt.

Æ 1. Apollokopf, rechtshin.

Rf. ΦΑΝΑ Vordertheil eines Pferdes, linkshin (nur Kopf, Hals und Vorderfuss, nicht der Leib), darunter ein unkenntlicher Gegenstand einem Fisch ähnlich.

Aus Kertsch 1869 gesandt.

Colchis.

Dioscurias.

Die bekannte Kupfermünze sehr geschickt nachgeahmt.

Aus Kertsch 1869 gesandt. Es ist nicht zu zweifeln, dass in Südrussland zahlreiche und sehr gut gearbeitete Falschmünzen, namentlich die jener Gegenden, gemacht worden sind.

Pontus.

Athenae Ponti.

Æ 8. ΚΟΙΝΟΝ ΑΘΗΝΩΝ Bildsäule der Pallas auf einer Basis, in einem viersäuligen Tempel.

Rf. ΜΗΝΩΝ ΚΑΛΛΙΕΡΗΜΑ Eine Opferscene mit mehreren Figuren.

Numismatische Zeitung 1834, Nr. VI u. VII.

Mithradates VI., König von Pontus.

Æ 9. Kopf des Mithradates mit dem Diadem, rechtshin.

R/. ΒΑΣΙΛΕΩΣ

ΜΙΘΡΑΔΑΤΟΥ
ΕΥΠΑΤΟΡΟΣ
Α

Dazwischen ein weidender Pegasus linkshin, den rechten Vorderfuss erhebend, vor ihm ein Stern im Halbmond,
ΕΣ
hinter ihm Ω   Das Ganze umgiebt ein Kranz von ab-
N
wechselnd Blumen und Blättern.

Sestini sagt, diese von ihm im Mus. Fontana I, S. 82 Nr. 2, Tafel VI 4 publicierte Münze sei falsch. Ausser dieser existierten noch andere falsche Stempel von älterer Arbeit. Von diesen liegen mir zwei vor, allein sie haben den weidenden Hirsch statt des Pegasus, und die eine Art hat daneben ΣΙΣ   ΘΙΣ und darunter ein Monogramm aus ΙΑΥΡ, und unter ΕΥΠΑΤΟΡΟΣ ein Θ. Die andere Art hat ΣΙΣ und ΙΚΣ/Α/Ι neben dem Hirsch, und unter ΕΥΠΑΤΟΡΟΣ ein E.

Eine ist gewiss Paduanisch, vielleicht sind sie es beide.

Pharnaces.

Æ 3. Jugendlicher Kopf rechtshin, mit undeutlichem Diadem.

R/. ΒΑΣΙΛΕΩΣ ΦΑΡΝΑΚΟΥ (in zwei geraden seitlichen Zeilen). Hermes stehend von vorn, mit dem Pegasus auf dem Haupte und kurzem am Rücken herabhängenden Mantel, ein Füllhorn im linken Arme (es ist undeutlich), links neben ihm ein Hirsch. Links im Felde Stern im Halbmond.

(Kopie des Typus der Tetradrachmen Mithradats IV.)

Darius.

Æ 4. Epheubekränzter Kopf rechtshin.

R/. ΔΑΡΕΙΟΥ ΒΑΣΙΛΕΩΣ (in zwei geraden seitlichen Zeilen, das letzte Σ ist so Ɛ) Zeus linkshin, thronend, eine fast unkenntliche Nike auf der Rechten haltend, vor ihm Γ, darüber Stern im Halbmond, hinter dem Zeus Π.

3*

Die drei folgenden Münzen sind von roher ungeschlachter Arbeit. Sie kamen von der Südküste des Schwarzen Meers.

Mithradates.

Æ 4. Jugendlicher Kopf rechtshin mit dem Diadem.

R$\mathfrak{f}$. ΒΑΣΙΛΕΩΣ ΜΙΘΡΑΔΑΤΟΥ (in zwei geraden seitlichen Zeilen). Zeus aëtophoros thronend linkshin, die Linke auf das Scepter stützend, vor ihm Stern im Halbmond, und ein (auf dem vorliegenden Exemplar) undeutliches Monogramm.

Spartocus.

Æ 5. Männlicher Kopf rechtshin.

R$\mathfrak{f}$.   ΒΑΣΙΛΕΩΣ
    Bogen im Futteral
    ΣΠΑΡΤΟΚΟΥ
    Rechts im Felde ein Monogramm aus C und B.
Aus Kertsch 1869 gesandt.

Leuco, König von Pontus und Bosporus.

Æ 6. Kopf des Königs rechtshin.

R$\mathfrak{f}$. Bogen, darunter Keule. Oben steht ΒΑΣΙΛΕ.., unten (in einer graden Zeile) ΛΕΥΚΩ...

Im Jahr 1869 aus Kertsch hierher zum Verkauf gesendet.

Æ 4. Behelmter Kopf rechtshin.

R$\mathfrak{f}$.   ΒΑΣΙΛΕΩ.   dazwischen ein Blitz.
    ΛΕΥΚΩ...

Ebenfalls aus Kertsch. Roher Stil.

Unbestimmter König von Bosporus unter Augustus.

Sestini führt die folgende als Beckers Werk an, allein dieser hat sie nicht verfertigt. Existiert sie also falsch, so muss sie aus einer anderen Werkstätte sein.

Ν oder Æ 4. Kopf eines Königs rechtshin, dahinter ΚΝΕ, darunter ΕΤ.

R$\mathfrak{f}$. Kopf des Augustus linkshin.

Sauromates III., König von Bosporus.

N 4. ΒΑCΙΛΕωC CΑΥΡΟΜΑΤΟΥ (so) Kopf des Königs
rechtshin, mit Diadem und Gewand um die Brust.

Rf. Lorbeerbekränzter Kopf des Commodus rechtshin, unter
dem Halse ΠΥ, vor dem Halse eine Lanze, welche
einem Epheublatt gleicht.

Katalog Allier S. IX Tafel IX 19.

Cotys II., König von Bosporus.

N 4. ΒΑCΙΛΕωC ΚΟΤΥΟC Kopf des Königs rechtshin, mit
dem Diadem und Gewand um die Brust.

Rf. Lorbeerbekränzter Kopf des Hadrian rechtshin, davor
Lanze, unter dem Halse ΗΚΥ.

Sestini sagt, ausser der gleichen Beckerschen falschen Münze,
sei auch eine in Smyrna verfertigt worden.

Paphlagonien.

Amastris.

Sestini Tafel III 1 bildet eine Münze ab, von welcher er
aber S. 25 sagt, sie sei gegossen. Warum hat er sie abbilden
lassen, da im Kupferstich der Abguss dem echten Original
völlig gleicht?

Pylaemenes, König von Paphlagonien.

N (3 nach Sest.) Kopf des Königs mit Diadem.
ΒΑΣΙΛΕΩΣ

Rf. ΠΥΛΑΙΜΕΝΟΥ
ΕΥΕΡΓΕΤΟΥ
Geflügelter Caduceus.

Sestini beschreibt diese Münze nicht näher.

Bithynia.

Dia.

Æ 2½. Jugendlicher Kopf des Herakles, rechtshin, mit dem Löwenfell bedeckt.

R∫. ΔΙΑΤΩΝ Keule und Traube.

Sestini Tafel III 2.

Heraclea.

Æ 2½. Kopf des Apollo mit dem Diadem rechtshin, das Haar ist hinten aufgebunden.

R∫. Längliches vertieftes Viereck, darin steht ERA.

Sestini Lett. di cont. VII S. 47 Nr. 1. Nach den Blättern für Münzkunde III 105 hat Dumersan in der Lettre à Mr. Raynouard sur diverses rectifications num. gesagt, dass es falsche Exemplare dieser Münze gebe.

Prusias I., König von Bithynien.

Æ 8. Kopf des Königs, rechtshin, mit schwachem Barte und dem Diadem.

R∫. ΒΑΣΙΛΕΩΣ ΠΡΟΥΣΙΟΥ (in zwei geraden seitlichen Zeilen) Zeus stehend, von vorn, etwas linkshin gewendet, unterwärts mit dem Mantel bekleidet, in der emporgehobenen Rechten (einen Kranz?) haltend, die Linke auf das Scepter stützend. Links im Felde Blitz darunter ꟿ, und darunter ⩘. Gesehen.

Mionnet II 504 7 beschreibt die nämliche Münze; in der Anmerkung zu Nr. 9 verdächtigt er alle, wiederholt dies jedoch nicht im Supplement. Für seine Nr. 7 ist also die Verdächtigung gerechtfertigt, für die anderen nicht.

Nicomedes II., König von Bithynien.

N 4½. Unbärtiger Kopf des Königs mit dem Diadem, rechtshin.

ΒΑΣΙΛΕΩΣ

R∫. ΝΙΚΟΜΗΔΟΥ

ΕΠΙΦΑΝΟΥΣ

Reiter, behelmt und mit grossem runden Schild am linken Arm, linkshin sprengend, vor des Pferdes Vorderhufen Ⴤ. Gesehen.

Sestini Tafel IV 5; im Text irrig ΕΠΙΦΑΝΟΥ, die Tafel hat das Σ. Sestini sagt, es gebe noch eine andere ohne Monogramm, doch kann das Monogramm auch zufällig gefehlt haben, da es dicht am Rande steht.

Æ Das im Katalog Allier S. IX als falsch angeführte, Tafel XI Nr. 16 abgebildete Tetradrachmon ist das Becker'sche.

Mysien.

Philetärus, König von Pergamum.

Sestini beschreibt das Tetradrachmon Mionnet II 621 673 als falsche Münze, allein er meint höchst wahrscheinlich das sehr ähnliche 679, welches von Becker gemacht worden ist.

Æ u. Æ 4. Lorbeerbekränzter Kopf eines Königs rechtshin.

Rſ.

I+

ΛΕΤΑΙ

PY

Pallas (der Helm ist undeutlich) auf einem Waffen- haufen sitzend, linkshin, hält in der erhobenen Rechten einen Kranz und fasst mit der Linken den Griff des Parazoniums, neben ihr im Felde links AΣ, rechts R, und ausserhalb der Aufschrift links, ein Schwert Gesehen.

Mionnet II 620 675 unvollständig. Gessner Num. Regum minorum gentium Tafel III 7 aus Liebe Gotha num. S. 135.

Troas.

Neandria.

Æ 3½. Weiblicher Kopf mit Diadem und Schleier rechtshin.

Rſ.

И E

A И Leier.

Sestini Tafel III 4. Er sagt S. 27, dies sei eine Arbeit von Becker, doch hierin irrt er, die Münze ist von einem andern Fälscher.

Tenedus.

Æ mm. Janusartiger Doppelkopf, der eine bärtig und lorbeerbekränzt, der andere weiblich, mit dem Diadem geschmückt.

TENE

Rʃ. Z ᗺ
O Doppelbeil, daneben eine Traube, und eine
Pallas, welche in der Rechten die Lanze schwingt, mit
der Linken die Aegis vorstreckt.

So beschreibt Sestini ein Tetradrachmon der Wiczay'schen
Sammlung.

Aeolis.

Myrina.

Æ 9. Lorbeerbekränzter Kopf des Apollo, rechtshin, eins
von den Bändern des Lorbeerkranzes ist aufwärts ge-
richtet und endet mit drei kleinen Troddeln.

Rʃ. MYPINAIΩ (so) steht quer von oben nach unten, hinter
einem rechtshin schreitenden Apollo; er ist unterwärts
bekleidet, hält in der Rechten einen Lorbeerzweig mit
daranhängender Binde, in der Linken eine Patera; vor
seinen Füssen steht ein kleiner Omphalos und eine Diota,
links im Felde das Monogramm ⋈; das Ganze umgiebt
ein Lorbeerkranz.

Dies Exemplar ist schon in Begers Thesaurus Brandenburgicus
Th. I S. 493 abgebildet, es ist also eine alte Fälschung. Mionnet
III, 23 132 beschreibt die Münze nicht genau. Die echten haben
immer MYPINAIΩN.

Jonien.

Colophon.

Die von Sestini und Dumersan S. IX Tafel XIV 12 unter
dieser Stadt angeführte falsche Münze ist die Becker'sche von
Phocaea.

Ephesus.

N 2. Biene, zu Seiten ΣΦ.
Rʃ. Vertieftes Quadrat, in vier kleinere getheilt.
Von Herrn Möllhausen aus Kleinasien mitgebracht, 1865.

Miletus.

Sestini sagt, es existiere ein Silbermedaillon von smyrnäischer Fabrik. Er beschreibt es nicht.

Smyrna.

Æ 9. Weiblicher Kopf, mit Mauerkrone, rechtshin.

Rf. ꓲMYP

NAIΩN

das Ganze im Eichenkranz. Gesehen.

Beger Thesaurus Brandenburgicus I 496, Mionnet III 190 912.

Chios.

Æ 5¼. Sphinx mit behaartem Leib, linkshin sitzend, vor ihr eine Traube und eine Amphora, hinter der Sphinx Z, unter ihrem Leibe Ω.

Gesehen.

Sestini Tafel IV 6 las IAKMINOΣ, auf dem Exemplar, das ich gesehen, stand das hier dargestellte.

Æ 4. Sphinx, linkshin sitzend, vor ihr eine Amphora. Die Griffe der Amphora bilden einen Bügel über der Mündung, was auf echten Münzen nie vorkommt.

Rf. Vertieftes Quadrat, durch zwei Barren in vier kleinere Quadrate getheilt, deren Grund unregelmässig ist. Gesehen.

Samos.

1) Æ 6. Löwenkopf von vorn.

Rf. ΣΑ Vordertheil eines Stiers, daneben ein Lorbeerzweig, oben ΗΓΗΣΙΑ, unten Ⓐ.

Sestini; wahrscheinlich bezieht sich im Allier'schen Katalog die unvollständige Beschreibung S. IX (Æ 6) auf dieselbe Münze, oder auf die folgende:

2) Æ 6. Kopf des Löwenfells von vorn.

Rf. Kopf und Hals des Stiers (ohne die Vorderbeine) rechtshin, links daneben eine Amphora, welche etwas schräg
gestellt ist. Gesehen.

3) Æ 5¼. Fell des Löwenkopfs von vorn, darunter ΣA.

Rf. Herakles als nackter Knabe knieend, rechtshin, die
Schlangen würgend, neben seinem Kopf Σ und Y, unten
IN.

Sestini Tafel IV 7.

Carien.

Calymna.

1) Æ 5¼. Unbärtiger behelmter Kopf rechtshin, die Wangenberge
ist heruntergeklappt und reicht bis ans Kinn.

Rf. Lyra, darunter KAΛYMNION in einer geraden Zeile.
Das Ganze in einem Quadrat von Perlen. Gesehen.

2) Æ 3. Derselbe Kopf.

Rf. ᴎOINN Lyra KAΛY Umgeben von einem Perlenkreis. Gesehen.

Cos.

Æ 6¼. Kopf des Herakles, rechtshin.

Rf. Seekrebs auf einer Keule, KΩION (so) ΔIΩN. Gesehen.

Allier S. IX.

Isauria.

Isaurus?

Sestini Seite 37 erwähnt eine geprägte falsche Münze „Metro-
polis Isauriae", und nach seiner Angabe in dem „dalla Pannonia" datirten Blatte scheint es eine Münze der Faustina senior
und des Galerius Antonius zu sein. Weiteres vermag ich nicht
anzugeben.

Lycaonia.

Partais, Annia Faustina.

Æ 5¼. ANNIA FAVSTINA AVG Kopf der Kaiserin rechtshin.

Rf. IVL AVG COL PARLAIS Weibliche Figur von vorn, linkshin gewendet, mit der Rechten einen am Boden stehenden Zweig haltend, im linken Arm das Füllhorn. Sestini Tafel III 6.

Cilicien.

Celenderis.

Æ 6. Nackter Jüngling, auf einem galoppierenden Pferde rechtshin, er sitzt quer auf dem Pferde, nach Frauenart, und hält in der Linken, welche auf des Pferdes Kruppe ruht, einen dünnen Stab.

Rf. KEΛEN über einem Bock, rechtshin, welcher niederkniet und den Kopf zurückwendet. Gesehen.

Tarsus.

Æ 6½. Baal auf dem Sessel sitzend linkshin, in der Rechten eine aufwärts gewendete Aehre und eine herabhängende Traube haltend, die Linke auf einen geperlten Stab stützend, unter dem Sessel ein ganz kleiner Widderkopf, rechts hinter dem Sessel quer ⁊ ᚠ᛫ᛏ. Kreis von grossen Perlen.

Rf. Löwe, einen Hirsch niederwerfend, linkshin, oben im Felde ⁊ ᚼ ᛁ ᚢᚠ. Einfacher Kreis.

Abgebildet ist ein Exemplar dieser falschen Münze bei Luynes Suppl. à l'essai sur la num. des Satrapies Tafel VIII 6. In den Berliner Blättern für Münzkunde II S. 354 besprochen.

Als Kennzeichen kann das unnatürlich gestaltete Hirschgeweih dienen. Die drei Zeichen der *Vf.* haben eher den Charakter arabischer Schrift.

Cyprus.

Euagoras, König.

Æ 9. Bärtiger Kopf linkshin, von einem einfachen Band umgeben.

Rf.

	ΔΙ	
ΒΑΣΙ		ΛΕΩΣ
	ΕΥΛ	
	ΓΟΡΟΥ	
ΚΥΠΡΙΩΝ		(mit ganzen kleinen Buchstaben.)

Diese Aufschrift umgiebt einen Adler, rechtshin, mit ausgebreiteten Flügeln; mit der rechten Kralle hält er einen Blitz, in der Linken einen kleinen Vogel. Das Ganze im Lorbeerkranz.

Sestini Tafel III 7. Auch schon im Pembroke'schen Kupferwerke Th. II Tafel 42, danach Mionnet III 677 46 und 47, und Tafel LXXVII 1; erst S. VII 310 als verdächtig bezeichnet.

Diese ganz erfundene Münze ist dem Tetradrachmon des Perseus nachgebildet.

Phrygia.

Cibyra.

Æ 7. Behelmter Kopf rechtshin, mit Gewand um die Brust.

R*f*. Amazone, behelmt und bekleidet, rechtshin sprengend, mit eingelegter Lanze, hinter ihrem Kopf OK, und ein kleiner strahlenbekränzter Kopf des Helios rechtshin; unter dem Bauche des Pferdes   A

KIBYPATΩN

Sestini Tafel III 8. In der Beschreibung nennt er im Widerspruch mit seiner Abbildung „den Reiter" nackt. Er liest ΘK, seine Tafel zeigt OK.

Cidyessus.

Æ 4. Behelmter jugendlicher Kopf rechtshin, um die Brust ein Gewand.

R*f*.   ᐅY   Z   ш W

Dazwischen steht Ares behelmt und gepanzert, nach vorn gewendet aber den Kopf rechtshin wendend, und in der erhobenen Rechten einen abwärts gekehrten Speer haltend, am linken Arm einen runden Schild.

Sestini Tafel III 9.

Galatia.

Germe, Diadumenianus.

Æ 4. M OPEL ANT DIADVMENIAN CAЄS Jugendlicher

Kopf des Diadumenian rechtshin, um die Brust Gewand.

Rf. COL AVG GERMENO Adler mit ausgebreiteten Flügeln, rechtshin, auf einem Blitz stehend.

Sestini Tafel III 10.

Ob das gleiche Exemplar, welches Mionnet S. VII 642 57 aus der Cadalvèneschen Sammlung beschreibt, nicht auch falsch ist?

Amyntas, König von Galatien.

Die kleinen Goldmünzen sind falsch. Sie sollen von einem Italiener in Smyrna gemacht sein.

Syrien.

Seleucus I.

$\cancel{N}$ 4. Kopf des Königs rechtshin, mit Diadem und Stierhorn.

Rf. ΒΑΣΙΛΕΩ

ΣΕΛΕΥΚ Pferdekopf mit Zügel und Stierhörnern rechtshin, davor ⋌.

Sestini Tafel III 11, Dumersan S. IX.

Antiochus IV.

Sestini beschreibt als Beckersche Arbeit ein Tetradrachmon, dessen Kehrseite mit Beckers Münze dieses Königs (Nr. 113) ganz einstimmt, allein die Vorderseite hat nach Sestini den Zeuskopf, während Beckers Münze den Königskopf auf der Vorderseite hat. Es wäre möglich, dass Becker auch einmal einen seiner Zeusköpfe als Vorderseite dieser Kehrseite abgeprägt hätte.

Antiochus V, Eupator.

Æ $8\frac{1}{2}$. Kopf des Antiochus V. mit dem Diadem, rechtshin.

Rf. ΒΑΣΙΛΕΩΣ ΑΝΤΙΟΧΟΥ Apollo nackt auf dem Omphalos sitzend (wahrscheinlich linkshin, Mionnet sagt es nicht), in der Rechten einen Pfeil, in der Linken einen Speer haltend, im Felde eine Eule und ⋌ und ⋈.

Mionnet V 42 363.

Antiochus VIII.

Æ 7½. Kopf des Königs rechtshin, mit dem Diadem. Umher
der den Seleuciden-Münzen eigene Rand.

Rʃ. ΒΑΣΙΛΕΩΣ ΑΝΤΙΟΧΟΥ ΕΠΙΦΑΝΟΥΣ

Dazwischen der stehende Zeus, linkshin, unterwärts
bekleidet, so dass der Zipfel des Mantels von der linken
Schulter hängt, auf der Rechten hält er einen Stern,
mit der Linken stützt er sich auf das Scepter. Ueber
seinem Haupte ein Halbmond. Links im Felde ein
Monogramm aus X und I, darunter A, rechts unten
(neben der Wade des Zeus) Ϙ Das Ganze im Lor-
beerkranze, welcher oben geschlossen ist.

Das vorliegende Exemplar der ehemals von Rauchschen Sammlung ist beträchtlich leichter als die echten Münzen.

Mionnet V 89 779 sagt, ein ähnliches Tetradrachmon, welches
im Felde M hat, sei aus modernen Stempeln geprägt; die anderen
Beizeichen giebt er nicht an.

Antiochus IX.

Æ 7¹/₂. Kopf des Königs rechtshin, mit dem Diadem, und
Backenbart.

Rʃ. ΒΑΣΙΛΕΩΣ ΑΝΤΙΟΧΟΥ ΦΙΛΟΠΑΤΟΡΟΣ

Pallas stehend, linkshin, auf der vorgestreckten Rechten
eine Nike haltend, welche von Pallas abgekehrt einen
Kranz hält; mit der Linken fasst Pallas den am Boden
stehenden Schild und die Lanze, vor ihr im Felde
(jenseits der Aufschrift) .ᴬᴾ Das Ganze im Kranze.
Die Buchstaben sind stark punktirt.

Das vorliegende Exemplar ist bedeutend leichter als die echten Münzen.

Tigranes.

Sestini sagt, dies auf seiner Tafel III 12 abgebildete Tetra-drachmon mit Θ sei von Smyrna, Becker habe ein ähnliches ohne Θ gemacht. Allein dies Beckersche hat gerade das Θ, und stimmt auch sonst mit Sestinis Abbildung. Ob wirklich eins ohne Θ existirt, oder ob Becker vielleicht, ehe er seinem Stempel das Θ einschnitt, Exemplare geprägt hat?

Commagene.

Caesarea Germanicia, Pescennius Niger.

Æ 5. ΑΥΤ Κ Γ ΠΕСΚ ΝΙΓΡΟС ΙΟΥСΤΟС СΕΒ. Lorbeer-bekränzter Kopf des Pescennius rechtshin.

Rf. ΚΑΙCΑΡΕΙΑС ΓΕΡΜΑΝΙΚΗС Asklepios, stehend, von vorn, den Kopf linkshin wendend, in der Rechten den Schlangenstab.

Sestini Tafel III 14.

Baktrische Münzen.

Cunningham hat in der Zeitschrift der Asiatic Society of Bengal 1840 IX S. 393 mehrere gegossene und S. 1217 neun ge-prägte falsche Münzen bekannt gemacht, sie sind nicht be-schrieben, und die Tafel auf der sie abgebildet sind, fehlt in dem einzigen mir zugänglichen Exemplar der Kgl. Bibliothek.

Afrika.

Berenice, Gemahlin Ptolemaeus III.

N 8. Kopf der Königin mit dem Schleier, rechtshin.

Rf. ΒΕΡΕΝΙΚΗΣ ΒΑΣΙΛΙΣΣΗΣ Füllhorn von einem Bande umgeben. Gesehen.

Nachahmung von Mionnet VI 18 151, S. III 4.

Arsinoe, Gemahlin Ptolemaeus IV.

N 7. Kopf der Königin, rechtshin, mit Diadem, Gewand um
die Brust, und Scepter, dessen blumenförmige Spitze
gerade über dem Hinterkopf vorragt.

Rf. ΑΡΣΙΝΟΗΣ ΦΙΛΟΠΑΤΟΡΟΣ Füllhorn von einem Bande
umgeben, dessen Enden zu beiden Seiten herabhängen;
über dem Füllhorn ein Stern. Gesehen.

Nachahmung von Mionnet VI 20 166, S. IX Tafel IV 2.
Die Vorderseite ist leicht als falsch zu erkennen, namentlich am
Gesicht und am Gewande; die Rückseite ist genau und gut kopirt;
namentlich auch die unregelmässigen Buchstaben.

Ptolemaeus V.

N 7. Strahlenbekränzter Kopf des Königs, rechtshin, um die
Brust Gewand, hinter dem Halse ragt die Spitze der
Lanze hervor.

Rf. ΠΤΟΛΕΜΑΙΟΥ ΒΑΣΙΛΕΩΣ Füllhorn, oben von einem
Halbkreis von Strahlen umgeben, mit einem Bande um-
wunden, dessen Enden auf beiden Seiten herabhängen;
zu Seiten des Füllhorns je ein Stern; rechts unten ein
Monogramm aus Π und ◁. Gesehen.

Nachahmung von Mionnet VI 21 168 S. IX Tafel IV 4.

Ptolemaeus VIII.

N und *R* 8½. Jugendlicher Kopf des Königs rechtshin,
mit einer Strahlenkrone, von welcher hinten Bänder
herabhängen, um die Brust ein Gewand, welches mit
einem Knopf geschlossen ist, hinter dem Hals ein
Dreizack.

Rf. ΒΑΣΙΛΕΩΣ ΠΤΟΛΕΜΑΙΟΥ Gewundenes Füllhorn, aus
welchem oben drei flammenähnliche Zacken ragen, diese
sind von einer Strahlenkrone umgeben, deren Bänder
herabhängen. Rechts vom Füllhorn unten im Felde ΔΙ.
Gesehen.

Mionnet beschreibt VI 27 212, und besser S. IX 16 81 und
82, echte goldene Exemplare und bildet S. IX Tafel V 3 eins ab.
Auf ihnen hat ebenso wie auf einem echten Exemplar der Kgl.
Sammlung der König die Aegis und nicht ein Gewand, um die
Brust.

Ptolemaeus.

Æ 12. Eichenbekränzter Kopf des Zeus rechtshin, um den Hals ein Gewand.

R/. ΠΤ. ΛΕΜΝ. Υ ΒΑΣΙΛΕΩΣ (die Buchstaben sind punktirt das Λ in βασιλέως fast ein A) Adler mit angelegten Flügeln linkshin auf einem Blitze stehend, vor ihm ein Füllhorn, aus welchem neben den Früchten zwei Bänder heraushängen. Gesehen.

Bekanntlich nur in Bronze echt.

Nomus Ombites, Hadrian.

Æ 3. (nach Sestini.) Inschrift und Kopf des Hadrian.

R/. OMBITHC LIA Krokodil.

Sestini, ohne nähere Beschreibung.

Marmarica.

Petra.

Sestini erwähnt S. 37 und in dem Blatte „dalla Pannonia" eine solche Münze, ohne sie zu beschreiben.

Syrtica.

Ocea.

Sestini erwähnt S. 37 eine Münze des Gordianus III. und in dem Blatte „dalla Pannonia" eine des Macrinus, ohne sie zu beschreiben.

Als Anhang folgen hier ein paar römische Münzen.

Die beiden ersten stammen aus einer älteren Epoche, sind aber in unseren Tagen als unedirt oder besonders merkwürdig publicirt worden.

Dann folgen Quinare spätrömischer Kaiser wohl nicht aus der Udineser Fabrik, und einige andere.

Römische Republik.

Marius.

Æ Denar. C·MARIVS·C·F· Kopf des Neptun, am Nacken der Dreizack, unter dem Halse ein Delphin.

4

Rf. Neptun von zwei Seepferden getragen, rechtshin, in der Rechten den Dreizack haltend, darunter ein Skorpion.

Müller und Oesterley Denkmäler der alten Kunst, fortgesetzt von Wieseler, Th II S. 7, Tafel VI Nr. 69. Es ist eine von Goltz erfundene Münze, hier nach Morell copirt, welcher sie doch als Goltzisch citirt, d. h. als falsch! Eckhel hielt sie der Erwähnung unwerth, ebenso seine Nachfolger, weil die Typen so deutlich modern sind.

Sertorius.

Es liegen drei falsche Stempel der Vorderseite und drei der Rückseite vor. Die Aufschrift ist SERTORI, SERTORIVS, SERTORIVS9 und ein Caduceus; der Kopf ist in einem Stück rechtshin, in zweien linkshin gewendet. Die Rückseite hat PROVIDEN· MILITAR und einen Hirsch oder ein Reh.

Es giebt keine echte Münze; für jeden erfahrenen Numismatiker zeigt schon die Beschreibung, geschweige ein Blick auf ein solches Stück, dass die Münze falsch sein muss. Sie gehört zu einer langen Reihe erfundener Denare mit den Köpfen berühmter Römer, welche gewiss nicht in der Absicht zu täuschen gemacht worden sind, wie „M. T. Cicero, Catilina, Crassus, Maecenas, P. V. Maro, u. desgl. Dennoch ist ein Exemplar kürzlich, leider in unserem Vaterlande als „in Belgien gefunden, unedirt und von den ersten Autoritäten der Numismatik in Paris als echt anerkannt" publicirt worden; alles dies ist unwahr.

C. Antonius, des Triumvir Bruder.

Æ Denar. C. ANTONIVS·M·F·PRO·COS· Weiblicher Kopf (Macedonia) mit einem Hute rechtshin.

Rf. Zwei Simpula und ein Opferbeil, darunter in einer geraden Zeile PONTIFEX.

Pertinax.

Æ 7. (IMP) CAES P HELV PERTINAX AVG Lorbeerbekränzter Kopf des Pertinax rechtshin.

Rf. LIB AVG TR P COS II Liberalitas stehend, von vorn, den Kopf linkshin wendend, in der Rechten die Tessera, in der Linken das Füllhorn, im Felde SC Gesehen.

Von guter täuschender Arbeit.

Diocletian, Goldmedaillon.

N 11 Grösse nach Mionnet. IMP C C VAL DIOCLETIANVS
P F AVG Kopf (ohne Diadem) rechtshin.

Rf. IOVI CONSERVATORI Jupiter thronend, linkshin, in
der Rechten den Blitz haltend, die Linke auf das
Scepter stützend, vor seinen Füssen ein Adler linkshin,
den Kopf zurückwendend und einen Kranz im Schnabel
haltend. Im Abschnitt ALE·

Ein Exemplar dieses Medaillons besass 1846 Herr Capranesi
in Rom (Gewicht 1 oncia romana 16 denari), ein zweites ganz
gleiches Herr Raff. Barone in Neapel. Ich habe beide Originale
in Rom neben einander gesehen (das aus Neapel war nach Rom
gesandt worden) und habe mich überzeugt, dass sie ohne allen
Zweifel aus denselben Stempeln geprägt und beide falsch waren.
Als Verfertiger wurde Ch. Brasseux, Siegelschneider in Paris,
genannt.

Ein abweichendes Exemplar habe ich bei Herrn Meynaertz
in Löwen 1849 gesehen, es ist in der Revue belge Th. 3 S. 3
publicirt und in der Revue archéologique IV 715 angezweifelt
worden.

Wäre es falsch, so existirten zweierlei falsche Stempel,
denn die Abdrücke der Brasseux'schen Münze und der Meynaertz-
schen, welche beide mir vorliegen, weichen von einander ab. Ein
Exemplar ist in der Revue numismatique 1859 S. 249 publicirt.

Flavius Severus.

N u. $\cancel{R}$ „Quinar." IMP SEVERVS P. F AVG Lorbeerbekränzter
Kopf rechtshin.

Rf. VIRTVS MILITVM Vier Figuren vor einem Altar stehend, im Hintergrund ein Castrum.

Der Münzhändler Sibilio in Rom besass 1845 ein goldenes
und ein silbernes Exemplar, ich habe sie verglichen, sie waren
aus denselben Stempeln geprägt. Auch in Frankreich werden
Exemplare feilgeboten; dort sollen diese recht täuschenden Stempel
geschnitten sein. In Rom hatte Herr Gennarelli 1841 die Münze in
einer eigenen Schrift: intorno un aureo die Flavio Valerio Severo
publicirt.

Procopius.

Æ Quinar. DN PROCOPIVS P F AVG Brustbild mit Diadem und Paludamentum rechtshin.

Rſ. VOT

V im Kranze, unten C Δ.

Constantius III., Patricius.

Æ Quinar. DN CONSTANTIVS P F AVG Brustbild mit Diadem und Paludamentum rechtshin.

Rſ. VICTORIA ROMANORVM Victoria linkshin schreitend mit Kranz und Palmzweig. Im Abschnitt SMN.

Maximus Tyrannus.

Æ Quinar. DN MAXI MVS P F AVG Brustbild mit Diadem und Paludamentum rechtshin.

Rſ. VICTOR IA AVGGG Roma auf einem Sessel sitzend linkshin, auf der Rechten die Weltkugel mit der Victoria haltend, mit der Linken sich auf den umgekehrten Speer stützend. Im Abschnitt SMB.

Sebastianus.

Æ Quinar. DN SEBASTIANVS P F AVG Brustbild mit Diadem und Paludamentum rechtshin.

Rſ. VICTOR IA AVGG Roma auf einem Sessel sitzend, linkshin, auf der Rechten eine Victoria haltend, mit der Linken auf den umgekehrten Speer sich stützend. Im Abschnitt KON (oder KOM?).

Johannes.

Æ Quinar. DN IOHANNES P F AVG Brustbild mit Diadem und Paludamentum rechtshin.

Rſ. VICTOR IA AVG Victoria linkshin schreitend mit Kranz und Palmzweig. Im Abschnitt RV.

Olybrius.

Æ Quinar. DN ANICIVS OLIBRIVS . . . Brustbild mit Diadem und Paludamentum rechtshin.

Rſ. Kreuz im Kranze, darunter CONOB.

Wahrscheinlich existiren auch Abschläge in N, denn wie das CONOB zeigt, sind dieses Typen einer Goldmünze.

Julius Nepos.

Ⱥ Quinar. DN IVL NEPOS P F AVG Der Kopf des Kaisers mit Diadem rechtshin.

Rſ. SALVS MVNDI, im Felde ⽕, im Abschnitt COMOB. Gesehen.

Herr Senkler hat in der Revue numismatique 1847 S. 408 eine andere Silbermünze dieses Kaisers, mit CONOB publicirt. Da bekanntlich diese Bezeichnung der Goldwährung auf Silbermünzen unmöglich ist, so muss die Senklersche Münze entweder Abguss einer Goldmünze oder aus modernen Stempeln geprägt sein.

Michael III., Theodora und Thecla.

Ⱥ 4¹/₂. †MIXA
HLΘΕΟ6ORA
SOECL·AECΘI
bASILISRO
MAION   in einem dreifachen Perlenkreise.

Rſ. IhSУS XPISƵУS hICA Krückenkreuz auf drei Stufen. Dreifacher Perlkreis. Gesehen.

Ⱥ' Medaillon. CONCORDIA Lorbeerbekränzter weiblicher Kopf mit Gewand um die Brust.

Rj. I·V·S·T·I·C·I·A Justitia sitzend rechtshin, mit der Waage. Im Abschnitt C·S·

Revue num. Belge 2 Ser. I S. 97 u. 428. Die Münze war schon in Goeze's (des bekannten Hauptpastors) Sammlung (Beschreibung von 19 Gold und Silbermünzen, Hamburg 1786) S. 1 Tafel I 1 bekannt.

Zum Schlusse wiederhole ich, um der gewohnten Bemerkung zuvorzukommen: dass dies Verzeichniss keinen Anspruch auf irgend welche Vollständigkeit macht, dass ich mich aber freuen werde, wenn nun auch Andere Beiträge liefern werden.

FSC
www.fsc.org
MIX
Papier | Fördert
gute Waldnutzung
FSC® C083411

Zeitfracht Medien GmbH
Ferdinand-Jühlke-Straße 7
99095 Erfurt, Deutschland
produktsicherheit@kolibri360.de